CÓMO LOGRAR UNA GRAN FORTUNA Y EL ÉXITO

CÓMO LOGRAR UNA GRAN FORTUNA Y EL ÉXITO

TOSHU FUKAMI
Tachibana Shuppan

Grupo Editorial Tomo, S. A. de C. V.
Nicolás San Juan 1043
03100 México, D. F.

1a. edición, octubre 1999.
2a. edición, octubre 2000.
3a. edición, enero 2003.

© 1996 by Toshu Fukami
All rights reserved
Published by Tachibana Shuppan Inc.
No. 6 Front Bldg. 3-42-19 Nishiogi-Kita
Suginamy-ku, Tokyo 167, Japan
Tel. (03) 5310-2131
Fax. (03) 3397-9295
Traducción: Akihisa Hirose T.

© 2003, Grupo Editorial Tomo, S.A. de C.V.
Nicolás San Juan 1043, Col. Del Valle
03100 México, D.F.
Tels. 5575-6615, 5575-8701 y 5575-0186
Fax. 5575-6695
http://www.grupotomo.com.mx
ISBN: 970-666-212-X
Miembro de la Cámara Nacional
de la Industria Editorial No 2961

Diseño de portada: Luis Rutiaga.
Supervisor de producción: Leonardo Figueroa

Derechos reservados conforme a la ley
Ninguna parte de esta publicación podrá ser reproducida o
transmitida en cualquier forma, o por cualquier medio electrónico
o mecánico, incluyendo fotocopiado, cassette, etc., sin autorización
por escrito del editor titular del Copyright.

Impreso en México - *Printed in Mexico*

Prólogo

Una actitud correcta lo conducirá a cumplir sus sueños

Cualquier persona tiene oportunidades

Dios de la pobreza

Nadie desea ser pobre ni ser infeliz, pero en el mundo hay mucha gente que sufre, no pudiendo romper las relaciones con "el dios de la pobreza", por más esfuerzos que se hagan.

En este mundo no se puede hacer nada sin dinero.

Ir al cine, disfrutar de comidas ricas, vestirse de primera, salir con la novia... Nada de esto es posible sin dinero.

En cambio, con dinero la mayoría de los sueños se cumplen. Se puede conducir un Mercedes-Benz, vivir en un departamento de lujo, ponerse ropa de marca de primera clase, disfrutar la deliciosa comida francesa en un restaurante de categoría, etcétera, etcétera.

Pero ¿el dinero aportará toda la felicidad? No siempre es así. Hay personas que tienen una mente solitaria y gente que se suicida aunque posean una fortuna millonaria y residan en una mansión de lujo. Contrariamente hay individuos que disfrutan la vida felizmente, con todas sus fuerzas, aunque habiten en un pequeño cuarto en un viejo vecindario. Por lo tanto, no se puede afirmar de ninguna manera, que el dinero constituya la pared que divide la felicidad de la infelicidad.

Así, por lo pronto, uno puede convencerse teóricamente. Pero sería mentira decir abiertamente: "No necesito dinero". Después de todo, indiscutiblemente es mejor tener más dinero que tener menos. La felicidad y el dinero no tienen una relación directa, sin embargo, entre ellos existe una relación indirecta sumamente íntima. Un proverbio japonés dice: "Bien alimentado, muy educado", en otras palabras, cuando el hombre cae en la pobreza, su espíritu también tiende a ser pobre.

"La pobreza daña el juicio". Es una máxima muy aguda, y a la inversa también puede ser verdadera. Es decir, cuanto más rico, tanto más tacaño y calculador. Se puede decir que los ricos han podido ahorrar dinero precisamente por eso.

Estoy convencido de que la vida felíz debe ser rica tanto mental como económicamente. Puesto que esas personas podrán gozar de la riqueza aún regresando al Mundo Espiritual después de su muerte.

Ahora bien, hay personas que no pueden liberarse del infierno de la pobreza, sus esfuerzos no dan fácilmente fruto. ¿Por qué será? En cambio, hay gente que asciende rápidamente en el mundo, siendo favorecido con fortuna. Muchas personas dirán: "Es injusto. No hay dioses ni Buda".

PRÓLOGO

Aunque se diga que en este mundo hay muchas cosas más preciosas que el dinero, éste puede ser la segunda cosa más importante después de la vida. Ahora, para lograr una fortuna tan valiosa ¿qué se debería hacer? Si se tienen que hacer penosos esfuerzos de todos modos, se espera que estos conduzcan lo más directamente posible a la felicidad, obteniendo, por supuesto, la gran fortuna. Si lo que se logra finalmente, costando tantos esfuerzos y sudor, fuera sólo la "flor vana sin fruto dorado", se perdería el objetivo de la vida.

Si uno hace esfuerzos, obtendrá la fortuna monetaria correspondiente y esto es natural. Pero la verdadera fortuna monetaria consiste en lograr diez veces más fortuna, con un sólo esfuerzo, haciendo feliz a uno mismo y a muchas otras personas. La verdad es que el propósito del presente libro radica en eso.

Yo me dedico a administrar tres compañías mientras realizo actividades como estudioso del camino hacia el Estado de Perfecta Unidad con Dios, por lo que estoy sumamente ocupado. Un cuerpo no alcanzaría a atender todos los trabajos si se hiciera de manera común. Por eso para que todo salga bien paralelamente, no hay otra manera que hacer entrar en juego la sabiduría, evitando lo innecesario, para "matar tres pájaros de un tiro" con la ayuda de Dios, o bien, formar al personal para delegarle trabajos. Considero que este es un punto importante de mi entrenamiento espiritual para llegar al Estado de Perfecta Unidad con Dios

El método de hacer una gran fortuna es un "saber cómo" creado forzosamente, queriendo o no queriendo esta necesidad y responsabilidad. Pero yo realizo estas actividades pensando que son alimentos para llegar al camino hacia el

Estado de Perfecta Unidad con Dios (entender a Dios, ser como Él y cumplir verdaderamente con la misión del ser humano). Por lo tanto, se trata de un "know how" para mostrar realmente el máximo efecto con el mínimo esfuerzo, formando un solo cuerpo con los dioses y Buda.

Algunos de mis lectores estarán pensando que soy muy hábil para "buscar ayuda en Dios" por ser un experto en el aspecto espiritual, pero aprovecho esta ocasión para aclararles que no se puede hacer nada sólo con recurrir a Dios para administrar las empresas o lograr la fortuna. Si no hay esfuerzo, cordialidad y actitud altamente sincera, la petición a Dios no llegará al Mundo Divino por más magnífica que parezca dicha petición.

Con base en mis experiencias que tengo hasta ahora como empresario, quisiera explicar en este libro cómo lograr una gran fortuna con pocos esfuerzos, así como poder mostrar más talento que la propia capacidad con la suerte económica al recurrir correcta y eficazmente a Dios.

Pero desde luego que con este libro no intento solamente presentar "how to" para tener éxito social, sino como Toshu Fukami, espiritista del camino hacia el Estado de Perfecta Unidad con Dios, trato de exponer el método de trascender en el mundo desde el punto de vista espiritual, la manera de hacer dinero y cómo puede uno llegar a ser feliz en los mundos Material y Espiritual, así como en la vida posterior utilizando el dinero ganado según mi propuesta

Con la actitud y los esfuerzos correctos, podrán atraer una fortuna y suerte mayores moviendo su espíritu guardián y las divinidades del Mundo Espiritual y cortar el germen de la infelicidad. Aquí les garantizo que esto se realizará si leen asiduamente este libro y lo llevan a la práctica.

Como mencioné en mi obra *Suerte*, la suerte no es algo que nos cae sólo desde arriba, sino es algo que atraemos voluntariamente e invitamos a que venga. Lo mismo pasa con la fortuna monetaria, que es el tema del presente libro. No debemos estar con los brazos cruzados sin entrar en acción. Debemos acercarnos y atraerla positivamente.

Sin embargo, actuar ciegamente causa peligro en contra de lo que se espera; puesto que el Mundo de los Demonios (Mundo Infernal que posee fuerte poder) nos está acechando para hacernos descender a la fuerza al infierno, aprovechando la codicia del hombre por el dinero, lo cual se explicará detalladamente más adelante. Por eso, desde el punto de vista divino, se debe atraer la fortuna de manera correcta en el Mundo Material también. Porque si no, cuando regresen al Mundo Espiritual, experimentarán un gran sufrimiento y harán infelices a las personas de alrededor, incluso a sus propios hijos y nietos.

Gente que sufre por la fortuna del Mundo de los Demonios

Es frecuente que se acumulen riquezas en una generación, pero es excepcional que una familia goce de una copiosa fortuna en tres generaciones. Lo común es que aunque la primera generación haya hecho una fortuna con muchos esfuerzos, la segunda apenas la mantiene y la tercera derrocha el dinero sin conocer las penas que experimentó la primera.

En Japón tenemos un proverbio que resume lo anterior. "El nieto vende la casa de su abuelo". Normalmente se le echa la culpa de este fenómeno al hijo o nieto pródigo, o bien se tiende a pensar que el sistema tributario de hoy está diseñado de tal manera que la riqueza no dure en tres generaciones. Pero desde el punto de vista divino, eso no es cierto. La causa primaria (o remota) de que la riqueza acumulada por la primera generación no dure en tres generaciones, consiste en que hubo algún "problema" en la forma en que se hizo la fortuna.

Dicho concretamente, la riqueza constituída al haber incurrido en el rencor a los demás o haberles hecho caer en la infelicidad, está destinada a disiparse rápidamente hasta la tercera generación en casi todos los casos. Porque en la fortuna está infiltrado el rencor de las personas. Por más rico que se haga uno, su pensamiento nunca será limpio. Es raro que ese tipo de personas estén satisfechas, con mucho amor y felices. Y mucho menos sentir dicha, con la frescura que se percibe por no tener apego. Por ello, se decide su destino al infierno según los actos (hechos subjetivos que hubieran hecho sufrir a otros) que hayan cometido en el mundo, así como la oscuridad, la pesadez y la frialdad de su propio pensamiento.

Así es que la riqueza que se consiguió a costa de la infelicidad de otros no es la verdadera. Sin embargo, algunos de los lectores estarán pensando: "No importa. De todos modos quiero ser rico". No obstante, esperen un poco, por favor.

Efectivamente, en este mundo se puede disfrutar una vida de lujo con dinero. Sin embargo, su período de duración es de cincuenta a sesenta años, a lo mucho. Cuando termina la vida terrenal, se entra en la vida del Mundo Espiritual, y ahí se encuentra el Infierno, donde se arremolinan, simbólicamente, el rencor y la maldición de las personas atormentadas por causa suya.

"Tú saboreaste las mejores partes sin haberte importado nuestras penas y dolor. Te voy a maldecir. ¡Canalla!"

"Dinero, dinero. Es mi dinero. Dámelo".

Así, en el pantano oscuro donde bullen las lagartijas, serpientes, gusanos, etcétera, las personas humilladas por usted, están reclamando con caras tristes, haciéndole caer en dicho pantano. Se siente un tormentoso dolor, como si una roca negra o masa de acero cayera pesadamente sobre su espalda. Durante la vida terrenal tales fantasmas reales le hacen sufrir, y después de la muerte, cuando usted parta al Mundo Infernal, le estarán esperando los castigos simbólicos que le atormentarán como usted lo hizo. Además, esta vida en el Mundo Infernal dura por lo menos de 300 a 400 años, y es difícil salvar y purificar estos espíritus de los antepasados. Pero quisiera salvarlos de alguna manera pidiendo permiso a Dios, puesto que el sonen (pensamiento) de estas penas del Mundo Infernal se transmiten a los descendientes en el Mundo Material.

Los hijos y nietos perciben espiritualmente el sufrimiento del Mundo Espiritual, y sin que se den cuenta derrochan dinero para disipar dicho sufrimiento. Así, caen de ricos a pobres y llegan a padecer carencia de dinero. Esto constituye una especie de "expiación" para los antepasados que están sufriendo en el Infierno. Al sufrir una amargura los descendientes en el Mundo Material, los antepasados del Mundo Infernal se salvan, aunque sea poco a poco.

Es común que aparezca en la segunda o tercera generación de una persona opulenta, un hombre jugador y libertino, extremoso bebedor o mujeriego, o bien, un hombre tan bueno, que firma como fiador, siendo engañado y hace perder la fortuna de su padre. Juzgándolo desde nuestro punto de vista en el Mundo Material, es un hombre malvado que no tiene remedio, pero desde el punto de vista de su antepasado que hizo una fortuna, puede ser que tal hombre esté cumpliendo con todos los deberes resultantes.

PRÓLOGO

Porque en el Mundo Espiritual el dinero ganado por medio de actos indignos se convierte en suciedad, emitiendo mal olor, y la fortuna cae en su cuerpo como si fuera una masa de acero. Para salir de esos sufrimientos, el antepasado hace posesión de su descendiente y le hace derrochar el dinero. Y en el momento en que se pierde toda esa fortuna, se llega a conseguir una fresca tranquilidad. Esto es la causa espiritual por la que no se frena el libertinaje hasta ese momento.

Por lo tanto, nosotros no podemos juzgar a ninguna persona, sino sólo Dios sabe dar el verdadero juicio al bien o al mal.

Ahora bien, habrá gente que se queje: "En la tercera generación anterior fue de bienes" o "Antes era patrón y apaleaba los millones, pero ahora llevo una vida pobre como ustedes pueden observar". Pero no es necesario afligirse. El pensar que la misma vida pobre puede servir de oficio de difuntos, esto tranquiliza en algo.

Claro que a uno no debe de lamentarle el hecho de haber nacido en tal familia, ni resentirse contra nuestro antepasado, ya que el hombre reencarna sólo en el lugar donde le corresponde por las virtudes y vicios que se hubieran practicado en su vida anterior. Al hacer esfuerzos positivamente, sin lamentar el ambiente en que se encuentre, disminuyen los vicios de la vida anterior y florecen las virtudes, lo cual constituye el ahorro para la vida posterior.

La verdadera fortuna crece rápidamente

Debe abstenerse de la codicia de dinero que se origina del deseo egocéntrico como "quiero dinero a toda costa" o "quiero vivir en una mansión de lujo aunque haga caer en la trampa a otros", puesto que finalmente esto hace infeliz no sólo a la persona en cuestión sino también a sus descendientes.

Entonces, ¿qué es un buen deseo material? Desde luego, es la actitud "yo estoy bien y usted también". Aunque suene un poco como sermón, quisiera que me escucharan, ya que se trata de la Ley del Mundo Espiritual que debe respetarse en absoluto.

Originalmente, la verdadera fortuna está en el Mundo Espiritual. Ésta se traduce como "la virtud de una vida larga y feliz". En el Mundo de los Demonios también hay fortuna, pero ésta trae consigo a la vez la infelicidad, al final de cuentas. Por lo tanto, se puede decir que la fortuna del Mundo de los Demonios es pasajera y falsa.

Para gozar de la verdadera fortuna del Mundo Espiritual lo primero que se debe confirmar es si su deseo coincide con la voluntad de dicho mundo, que es desde luego la felicidad de los seres humanos, incluso la suya. En el Mundo Espiritual no cabe la idea: "Basta con que yo sea feliz". Asimismo, el autosacrificio extremoso tampoco es lo que desea el Mundo Espiritual. Dios intenta salvarle a usted antes de salvar al mundo. Si uno no se hace feliz a sí mismo no tiene caso. Esta es la verdadera voluntad de Dios. Por eso es importante la actitud de: "Yo estoy bien y usted también".

Al respecto hay otro punto trascendente: la suerte se manifiesta en forma muy concreta, y además, se realiza con las personas de nuestro alrededor. La sensación de felicidad se puede cambiar hasta cierto grado con la actitud de uno mismo, pero en cuanto a la fortuna, no tiene sentido si no se concreta en forma de bienes o dinero que se pueda medir cuantitativamente.

Sólo se sentirá un vacío al pensar arbitrariamente: "Soy favorecido por la fortuna", con la cartera vacía. Si no se tienen muchos billetes en la cartera, no es fortuna. Por eso, debemos hacer que la gente de alrededor traiga dinero, para enriquecer su cartera concretamente y no imaginariamente. Debemos dominar la ley, que es: Dios y los espíritus ponen a la gente en acción y luego se mueve el dinero.

¿Quién desearía llevar la fortuna preferentemente a personas que piensan sólo en su bien y a las que no les importan los demás? A los espíritus guardianes que las observan a su lado, tampoco les surgirán las ganas de acercarles la fortuna. Cuando se llega a tal grado que dichos espíritus dicen: "Voy a echarle una mano a esa persona", la suerte de la fortuna se nos presenta sola sin invitarla. Aquí también se encuentra el principio fundamental: "Yo estoy bien y usted también".

Y al empezar a actuar en el Mundo Espiritual y ser ayudado por las personas de alrededor, la buena fortuna monetaria se agranda y crece rápidamente. Por supuesto que es impo-sible que la riqueza se pierda en tres generaciones excepto en casos extremos. Porque contando con la virtud de una vida feliz y larga, se gozará de suerte en la familia y se tendrán descendientes afortunados, quienes utilizarán y expandirán la fortuna para el bien.

Suerte que hace fructificar los esfuerzos

Hay muchos casos en que difícilmente se da fruto, por más esfuerzos que se hagan, y veo frecuentemente a la gente quejarse: "Fracasé faltando un paso, a pesar de haber luchado con mucho afán y sudor", o bien, "Otra persona se llevó la mejor parte".

La idea de que "los esfuerzos se recompensan", es válida efectivamente, en el proceso del crecimiento del espíritu, o bien, en el mundo interior, pero se desvía cuando se trata de dinero. No siempre el negocio marcha bien, las ventas aumentan o se tiene éxito social, a medida que uno se esfuerza. Hay muchas personas que fracasan a pesar de sus esfuerzos; puesto que se tienen muchos rivales en el negocio y todos se esfuerzan desesperadamente, pero otra razón es que precisamente no existió una suerte decisiva que hiciera fructificar los esfuerzos. Tampoco las personas que carecen de previsión, originalidad y poder de expresión que valga en el mundo, pueden observar fruto en sus esfuerzos. Quizá la diferencia consiste en que unos hacen esfuerzos arbitrarios y otros, los que son útiles para la sociedad, pero de todos modos hay personas a las que la fortuna no les sonríe. En pocas palabras, son los que no tienen suerte.

Entonces, ¿qué se debe hacer para lograrla?

Una mente dócil es la clave para tener suerte

Uno de los factores más importantes para lograr la suerte es si usted la capta oportunamente o no. La suerte es algo que le llega. La persona que puede reconocer bien la oportunidad cuando ésta se le presenta, es una persona con suerte. Generalmente, cuanto más sumisamente se puedan ver las cosas, tanto más fácilmente se consigue la oportunidad. En cambio, mientras más complicadamente se piense o más tenazmente se sostenga la idea, más frecuentemente se deja escapar la oportunidad.

PRÓLOGO

Se puede decir que el Zen es un ejercicio para formar la "mente que ve dócilmente las cosas", desechando el conocimiento del juicio conceptual. El concepto "munen muga" (estado de la mente serena) que expone el Zen es totalmente distinto al del Yoga. El Zen está enraizado siempre a la vida y es un entrenamiento para hacer desaparecer ideas perversas que constituyen la causa por la que no se puede ver sumisamente las cosas. Omito la explicación detallada sobre la diferencia entre el Zen y el Yoga, ya que me desviaría mucho del presente tema, pero son fundamentalmente diferentes.

Al ver dócilmente las cosas, a usted mismo y a la gente, se le aclararán por sí solos el bien y el mal, y no dejará escapar el momento oportuno. Esto se puede afirmar no sólo para la *fortuna monetaria* sino también para las de trabajo y casamiento.

El hombre tiene espíritus que lo protegen constantemente y le comunican la voluntad del universo (comúnmente se conoce como presentimiento, inquietud vaga, sueño premonitorio, etcétera). Las personas que no tienen ojos ni mente humilde no se dan cuenta de la "voz invisible" ni del aviso del universo.

A pesar de que estos espíritus guardianes tratan de darle a conocer a uno la presencia de la oportunidad, a través de la opinión o consejo de otro, esa persona en cuestión no puede considerarlos sino como algo innecesario por no ser dócil. De esta manera llega a ser malquerido por los demás e incluso por la diosa de la fortuna.

A propósito, se dice frecuentemente que uno debe abandonar el ego, desengañarse y no dejar escapar la oportunidad. Pero ¿cómo se puede realizar todo esto? Aunque entendamos teóricamente, muchas veces no nos es muy claro.

Yo les recomendaría: "Entrénense para ver honestamente las cosas", "Exprésense francamente a los demás" y "Recen a su espíritu guardián abriéndose a él". Así, se corregirá solo su ego y se tendrá naturalmente la respuesta a la duda. Si uno se vuelve dócil, empieza a ganar la simpatía de los demás, quienes le darán oportunidad y le enseñarán concretamente cómo captar el momento oportuno. De esta manera se puede hacer valer la oportunidad. Dicha actitud afirmativa y positiva está más *conforme* con el camino de los dioses de Japón que con la advertencia al estilo Zen que se expuso anteriormente.

Hay casos en que uno asciende rápidamente y el otro queda como empleado subalterno, aunque hayan hecho los mismos esfuerzos y actuado de igual manera. Evidentemente, esto se debe a si se tiene o no la suerte. Es notable especialmente en el caso de la fortuna monetaria. La consecución de la suerte depende de si es oportuna o no. La persona con suerte puede estar en el lugar adecuado al momento de la presencia de la oportunidad, y además, puede desplegar suficientemente su capacidad en ese momento. Esto se entiende bien tomando como ejemplo un partido de béisbol.

El jugador al que le toca batear en el momento en que se puede decidir el resultado del juego: en el segundo turno de la novena entrada, con dos outs y corredores en todas las bases, tiene buena estrella simplemente por ello. Sólo falta hacer valer el resultado del entrenamiento de siempre. Si da un buen batazo de jit, ahora, su sueldo anual aumentará seguramente. El jit que se realiza así, oportunamente, y el jit que se hace después de haberse decidido el resultado del partido, son tan diferentes en su valor como del día a la noche. Curiosamente parece ser que están más o menos determinados los jugadores que en muchas ocasiones gozan de esa oportunidad y aquellos que no la disfrutan. Quizá esto se deba a que esté obrando la conciencia de los otros jugadores: "si le preparamos el turno a él, saldrá bien", y esto se refleja en el Mundo Material como poder del "sonen" (pensamiento). Se podría decir que es un "jugador fuerte en el momento oportuno" aunque su relación de bateo sea más o menos igual que la de otros, recibe la buena suerte de los demás. La fortuna monetaria es algo parecida a esto. Cualquier persona tiene momentos en que "puede lograr la buena fortuna si hace un poco más de esfuerzo". Si se puede sacar el mayor partido de su capacidad cuando llega el momento oportuno, se podrá obtener la suerte. Pero, por más esfuerzos que se hagan en un momento inoportuno, dejando escapar la oportunidad, sólo se limita al jit sencillo que no tiene nada que ver con los puntos, ni la victoria o la derrota.

Si uno hace valer constantemente las oportunidades, progresará con el tiempo, ganando el campeonato en la liga y el título del jugador más valioso, (es decir, gran fortuna monetaria). "Si consulto con él sobre este negocio, saldré adelante", "Tengo un atractivo asunto, por favor, déme su opinión". De esta manera, a la "persona fuerte con oportunidad de fortuna" le toca batear sucesivamente en los momentos en que se tienen corredores con una alta posibilidad de obtener más puntos.

Entonces, ¿cómo se podrá desplegar un 120 por ciento de poder cuando llegue el momento oportuno? Y ¿qué se debe hacer para conseguir y mantener la oportunidad? Lo veremos en el siguiente capítulo.

Capítulo 1

Método de ganar y usar el dinero para ser feliz

Talento y aptitud requeridos para lograr una firme fortuna monetaria

Habilidad y talento son dos cosas totalmente distintas

La persona habilidosa, o la persona que maneja bien cualquier cosa, y la persona con talento, son parecidas si se observan sólo superficialmente, pero en realidad son completamente diferentes en el interior.

La persona habilidosa es la que simplemente es rápida en comprender y sabe usar las manos más velozmente que otras. Pero no vale como profesional y se limita al nivel de afición o habilidad especial.

En cambio, la persona talentosa tiene capacidad como profesional y su técnica difícilmente puede ser imitada.

Naturalmente la gente desea pagar por su talento con dinero. En pocas palabras, la habilidad no atrae dinero, pero el talento sí.

Ahora, ¿qué significa "atraer dinero"? Quiere decir que la sociedad aprecia y reconoce el talento a tal grado que se da trabajo pagando dinero, segunda cosa más importante después de la vida. Entre mis discípulos en la salvación del espíritu, tengo al señor Yuichiro Nanasawa. (Es autor de la letra y composición del famoso "Yosaku" —canción que constituyó un gran éxito en Japón—. Como compositor es mi maestro.) Después de haberse graduado de la Universidad de Keio, una de las instituciones superiores privadas más prestigiadas en Japón, se ha dedicado a la música. Él dice:

"Al haber observado a varios amigos, me doy cuenta de que, por más torpe que sea, uno llega a ser, sin excepción, un guitarrista profesional si se entrega con seriedad y perseverancia durante diez años a la guitarra. Aunque no haya mostrado brillantes actividades como para grabar elepés o aparecer entre los más populares, por lo menos puede ganarse la vida con la guitarra. Pero difícilmente perseveran esos diez años".

Si se trata de la destreza adquirida en dos o tres años, puede ser imitada por una persona con un poco de habilidad. Pero, la capacidad lograda en diez años, con mucho afán, es tan diferente que la persona con algo de habilidad no le alcanzaría por más que se empeñara. Nadie puede imitarlo con facilidad. Sólo esa persona posee esa capacidad real. Por eso le piden su servicio ofreciéndole el dinero.

El camino del profesional es severo. Porque los ojos del patrón son estrictos para reconocer si vale la pena pagar dinero o no. Se debe mostrar capacidad siempre en los momentos más oportunos, y conmover al cliente haciéndole exclamar: "Realmente, es excelente". Así se debe responder estupendamente a sus ojos. La chiripa no constituye la verdadera capacidad.

Por ejemplo, hay una gran diferencia entre el diseñador profesional y el aficionado, tanto en la actitud como en los esfuerzos habituales. El primero es capaz de ofrecer siempre el diseño de máxima calidad dentro de la fecha límite, conociendo la concepción de valor y la necesidad de la persona que aporta el dinero, y el segundo es el que fue a la escuela de arte y al que simplemente le gusta el diseño. Esta diferencia se manifiesta en mayor grado convirtiéndose en la de la capacidad y el talento. El primero está constantemente expuesto a los ojos rigurosos del cliente y tiene que competir en esa circunstancia. No se permite la transigencia. Si no puede responder a la exigencia del cliente, éste hará su pedido a otro competidor. Por eso se requiere de una fuerza mental aguda y esto desarrollará aún más el talento, lo cual conducirá a la fortuna monetaria.

"Hombre de muchos oficios" es una expresión acertada y sirve de advertencia a la persona para quien lo único que vale es su habilidad en general. Es importante concentrarse en una sola cosa y perseverar hasta llegar a ser alguien, sin distraerse en otras cosas (debe hacerse esfuerzos por lo menos diez años). El hombre con varios talentos debe ir perfeccionando, firme y profesionalmente, cada uno de los talentos por diez años.

En este sentido, uno debe examinarse bien a sí mismo para ver qué talento y capacidad posee, y esforzarse asiduamente de tal manera que no se limite al nivel de habilidad. La expresión: "Las artes de entrenamiento pueden, en caso de necesidad, asegurar la existencia". Quiere decir que si uno llega a perfeccionar por lo menos un arte, puliéndose en su talento, no se quedaría sin comer. Es decir, la capacidad con la que no se puede obtener bienes, no es la verdadera.

Autosatisfacción en el trabajo y en la vida

En este mundo hay personas poseedoras de talentos envidiables. Escriben bien, hablan inglés con fluidez, tienen una sobresaliente memoria y son afables. Pero viven en humilde vecindad por alguna razón.

Quizá parezca un poco incongruente con el argumento que propuse: "La capacidad que no conduce a la fortuna no es la verdadera", pero hay personas que no son favorecidas con bienes a pesar de que evidentemente poseen talento profesional. La razón es muy sencilla. No tienen el deseo de ser ricos. Anhelan desarrollar su talento y sienten felicidad de vivir en el arte en sí, tanto, que no tienen particularmente ganas de atraer la suerte económica.

Por lo tanto, estas personas no sienten infelicidad alguna aunque no sean favorecidas con dicha suerte. Están convencidas de que la máxima felicidad consiste en pulir y desarrollar su talento. Las personas que sostienen que hay otras cosas más valiosas que el dinero, frecuentemente son así. Pienso que el maestro Sankichi Sakata, jugador de ajedrez japonés y el maestro Harudanji Katsura, contador profesional de chistes de la región de Kansai, pertenecen a este categoría. Aunque tengan la posibilidad de acercarse a la fortuna, es bueno también llevar la vida absteniéndose del dinero. Si uno se siente feliz así, está bien, puesto que el dinero es simplemente un medio material para llegar a ser feliz.

Sin embargo, la persona realmente capaz seguramente transmite su riqueza a sus descendientes, aunque esa persona no la llegue a gozar en vida. Por ejemplo, hay casos en que un escritor que había seguido escribiendo novelas toda la vida, aún con muchas penas, y no había llegado a ser reconocido en el mundo, recibió alta estima después de su muerte y por lo cual, los derechos de autor les fueron otorgados a sus hijos y nietos.

Como hemos visto la persona con sobresaliente capacidad, no siempre es rica, pero con el tiempo llega el momento en que su talento es reconocido y entonces su fortuna monetaria florece. Se podría decir que dicho escritor pudo dejar las obras reconocidas después de su muerte, precisamente porque concentró todas sus energías sólo en desarrollar su talento con perseverancia, sin recurrir a la ganancia de dinero.

Pensando así, el mundo está hecho de una manera realmente congruente.

Asimismo, hay personas que se conforman con una vida humilde ofreciendo su propia fortuna a la gente desgraciada. Estas personas pueden ascender al tercer nivel del Paraíso después de su muerte.

El talento es el fruto de virtudes de la vida anterior

A propósito, ¿de dónde viene el talento? Normalmente, su germen es dotado desde el nacimiento. Si uno no cuenta con talento, no da tanto resultado en el Mundo Material, por más esfuerzos que se hagan en el campo que le guste. Muchos niños desean ser jugadores de béisbol cuando sean mayores, pero a lo mucho juegan en el club de la secundaria, y muy pocos llegan a ser profesionales. Es notable en el caso del béisbol, pero a menudo observo a personas que se esfuerzan con ahínco, aunque no tengan talento en ese campo, se mire por donde se mire. Me hace pensar, con todo respeto, que es mejor mostrar su capacidad en otra área más apropiada para su talento.

"Si vamos a eso, no tendría ningún sentido hacer esfuerzos" Me reprocharán diciendo de esta manera, pero no es así. Quisiera que me escucharan un poco más.

Desde el punto de vista del Mundo Espiritual, el talento de uno recibe una gran influencia del estudio, la especialidad y los esfuerzos de su vida anterior. Esta vida anterior se refiere literalmente a la vida que esa persona había tenido antes de nacer. La persona de la vida anterior y la de este mundo no son las mismas. En ésta quedan los elementos de aquélla. Como expuse en mi libro *Suerte*, el alma de la vida anterior está asentada en el fondo del cerebro, llamado comúnmente subconciencia de la persona de la vida actual.

Por ejemplo, en su vida anterior el caricaturista Reiji Matsumoto fue el historiador chino Ssu-ma ch'ien de la dinastía Han. Ellos son personas distintas, pero el espíritu investigador de Ssu-ma sobre la historia, aún está en la subconsciencia del señor Matsumoto para que éste tenga un intenso interés hacia la historia.

Asimismo, entre las personas a las que examiné su vida anterior se encuentran la modelo Koyako Yamaguchi (En su vida anterior fue fundadora del baile Kabuki, Izumo no Okuni), la escritora Mariko Hayashi (En su vida anterior fue La Bruyére, abogado, pedagogo y escritor francés), entre otros. En ellas, la profesión en que se desarrolla su talento, en la vida terrenal, y su existencia anterior, están muy profundamente relacionadas. Desde luego que no siempre la persona que se hizo un nombre famoso en su vida anterior lo hace en esta vida, y la persona sin fama en su existencia anterior no necesariamente ahora es sin nombre. Antes bien, los casos contrarios son más numerosos. En términos generales, según las reglas del Mundo Espiritual, las personas que lograron virtud y devoción cuando no tenían fama, pueden hacerse un nombre en la vida posterior, en la que sus resultados ya están acumulados. En cambio, las personas que no lo hicieron cuando adquirieron fama, llevarán una vida severa, sin nombre en la vida posterior. Ahora bien, no es de ninguna manera una casualidad que la gente tienda a elegir la misma profesión que la de la vida anterior. Ya que la conciencia de la vida anterior le hace pensar: "No sé por qué, pero quiero hacer algo como esto, por alguna razón". La conciencia de la vida anterior, en verdad obra aquí, especialmente en: "alguna razón". La parte que no se puede explicar con lógica ni con razones, es importante.

Por eso, si tienen una materia que les apetece, les interesa y les gusta sin razón particular y en la que obtienen una excelente calificación aún sin estudiar mucho, se considera que en su vida anterior se esforzaron con mucho afán en ese campo intentando desarrollar su talento. Por eso, si ponen toda su energía en ese campo, en esta vida también podrán dejar grandes logros.

Si se compara el perfeccionamiento de talento con una carrera de maratón, ya corrieron unos 20 kilómetros en su vida anterior y falta que terminen la carrera cubriendo los 22 kilómetros restantes.

Tres formas de virtudes

Considerando lo anterior inversamente, es posible ahorrar talento en esta vida para la vida posterior. Aunque la presente vida no fuera favorecida con oportunidades, en la posterior seguramente nacerá con talento con el que puede llegar a ser líder. Los japoneses pocas veces pensamos de esta manera, pero los chinos y coreanos, habitualmente lo tienen en mente. Intentan, por ejemplo, acumular virtudes para formar a una persona de envergadura nacional, a la séptima vida posterior. Para eso desde ahora ellos hacen los preparativos. Es tan paciente y grande en escala, que es difícil de imaginar.

Yo he aprendido de este ejemplo y no sólo trato de transmitir virtudes a la vida posterior sino lanzar un "plan de vida de 20 mil años". Mi sueño es adelantar a Jesucristo y Buda, y superar a Miguel Ángel Buonarroti y Leonardo da Vinci al seguir haciendo esfuerzos y repitiendo la reencarnación durante 20 mil años. Estoy seguro de que, finalmente, el que tiene una paciencia persistente y firme, logra la victoria.

Con el plan de vida trazado a una escala tan grande, es posible hacer esfuerzos positivos hasta el día de la muerte. Aunque lo escriba en este libro, nadie se acordará 20 mil años después de que yo hice tal declaración, lo cual me tranquiliza. De todos modos, con esta meta me estoy esforzando asiduamente todos los días. Pienso que en este punto voy superando a los chinos.

Ahora, volveremos al tema principal.

Existen tres virtudes en que los esfuerzos hechos en esta vida pueden hacerse valer en la vida posterior. Son:

✿ Erudición
✿ Arte
✿ Fe

La erudición se refiere al espíritu investigador, el grado de comprensión, la capacidad de asimilación y la actitud de esfuerzo. Podemos pensar que el llamado "niño inteligente de nacimiento", haya sido bastante estudioso en su vida anterior.

El arte es el "buen gusto" como quien dice comúnmente. Tener buen sentido musical, poseer agudo sentido en los colores, saber apreciar el arte, sentir que la naturaleza es infinitamente bella, etcétera.

Y la fe quiere decir la conciencia que hace juntar las manos inconscientemente al ver la imagen de Buda o deidad guardián Jizo. Se podría decir que gracias a la fe de la vida anterior uno puede tener una mente dócil y percibir directamente a los dioses y Buda.

Estos tres elementos antes mencionados son atributos del mundo altamente sensorial, es decir, el mundo del espíritu. Lo que se adquiere aquí, es eterno y sería un gran tesoro intangible que se puede llevar al Mundo Espiritual y a la vida posterior. Precisamente por eso, es difícil que se manifiesten como fruto o resultado, y que esos esfuerzos se midan cuantitativamente como sueldo de la labor de una semana realizada con sudor. Se tienen que ir acumulando los esfuerzos, poco a poco, puliendo sus propios sentidos, de tal manera que uno valga en el mundo.

Pero, elevar el nivel de estos tres elementos, conduce a acumular las virtudes de la vida. Y por lo que se refiere a la acumulación de tesoros en el paraíso, las virtudes tienen más valor que ningún otro bien. Para ser más claro, las virtudes superan a la fortuna monetaria. Cambiando de manera de ver, se podría decir que sólo con acumular las virtudes, dicha fortuna viene sola consecuentemente.

Acumular las virtudes consiste en hacer beneficios al mundo que lo incluye a usted mismo, a través de las palabras, los sentimientos y los actos. Por eso enriquecer su propio espíritu, cuerpo y sensibilidad, resulta ser uno de los acumulamientos de virtudes e inicio de los mismos. Así, naturalmente se eleva el nivel espiritual, y se intensifica más la actuación de los espíritus guardianes. Además, aún entrando en el Mundo Espiritual después de la muerte, continúa como antes el entrenamiento espiritual para acumular las virtudes. Lo importante es que las virtudes se deben seguir acumulando siempre, donde quiera que sea y en cualquier momento, independientemente de la vida y la muerte. Aunque piensen: "No me gusta, es laborioso", es la ley del Mundo Divino, que les hará encontrar continua y eternamente con suerte, y no hay otra manera. Para lograr la felicidad, debe seguir haciéndolo.

Nunca es tarde

Si uno ejerce de mala gana el trabajo asignado, nunca llegará a dominarlo. No se podrá esperar maduración humana ni se presentará la fortuna monetaria.

La actitud que se debe tomar habitualmente para desarrollar el talento que conduce a la suerte económica, es estar dispuesto a acumular las tres virtudes antes mencionadas. Podemos pensar que lo que se aprende en el trabajo es el alimento para pulir la erudición; la voluntad de llevarse bien con su jefe y sus compañeros de trabajo es el alimento para la fe; y mejorar la sensibilidad es el alimento para el arte. Igualmente los quehaceres domésticos se pueden dividir en estos tres elementos. El cocinar es un arte, el escuchar reproches del esposo y de la suegra es un entrenamiento de la fe y el llevar la contabilidad de la casa es una erudición. Pensando de esta manera, podríamos decir que todas las cosas de la vida son para acumular virtudes.

Si conservamos esta idea habitualmente, la vida se vuelve mucho más alegre. Asimismo, podemos llegar a aceptar positivamente las pruebas de la vida y no pensar negativamente las cosas de modo indeciso. La verdad es que esta actitud, es la que contenta más a los espíritus guardianes, y es la visión de la vida que atrae vigorosamente todas las buenas suertes, como la de la familia, la de la salud, entre otras, no limitándose a la de la economía.

Además, como se llega a hacer todo positivamente, el talento que estuvo latente en el interior, puede brotar inesperadamente.

Al clavar los ojos sólo en la fortuna monetaria, inevitablemente los objetos materiales lo cautivan a uno, pero viendo las cosas desde una posición más elevada, se entiende naturalmente qué es importante y qué es lo que se debe hacer.

Será necesario reflexionar en la vida diaria de uno mismo y examinarse, para ver cuánto esfuerzo ha estado haciendo para acumular virtudes, antes de quejarse de la falta de talento y de suerte económica.

Nunca es tarde para empezar a hacer el bien. Desde ahora mismo, hagamos crecer las virtudes que están en nuestro interior. A decir verdad, el secreto para crear la fortuna monetaria eterna, se encuentra aquí.

Mantengamos una actitud de estudiar y despertarnos, no sólo a la erudición de este mundo, sino también profundamente a la verdad del Mundo Espiritual. Busquemos la belleza desde el fondo de nuestro corazón, amando el arte. Aunque nos encontremos en una situación penosa, no la consideremos como sufrimiento y agredezcamos pensando que es una oportunidad para cultivar la fe. De esta manera, al acumular las virtudes en su propia vida, se allegan las mismas en el Mundo Espiritual también. Además, esto hace alegrar a los espíritus guardianes, mejora la suerte y muchas personas pueden volverse felices gracias a la influencia del bien. Así, uno va entrando en el modelo del círculo del bien. Se puede decir, en pocas palabras, que la virtud es igual a los beneficios.

De este modo, la fortuna monetaria beneficiará eternamente a usted y a sus descendientes, como si proviniera de un manantial divino inagotable.

El talento es la clave para el éxito

La persona de tipo genio tiende a crear su propio círculo, enfrascándose en su pequeño mundo, y frecuentemente es indiferente a las relaciones interpersonales y sociales. Hay mucha gente que por ello no logra hacer fortuna, pero la persona que adquirió talento por sus propios esfuerzos, cuenta con atención a los demás, y su talento conduce directamente a la suerte económica con mayor posibilidad.

Especialmente en la época en que se considera que el carácter armonioso es lo más importante, como la sociedad contemporánea, la persona del grupo sanguíneo AB, que trata de agradar a todos (¿?), tiene más alta probabilidad de ascender. Esta tendencia es más marcada en las entidades gubernamentales y grandes empresas, donde una persona tan capaz como para romper las reglas de la mayoría, no es sino un ser medio rechazado por los demás.

Por lo tanto, si se piensa que uno es del tipo genio, es mejor colocarse sin vacilar en una empresa aventurera, pequeña o mediana empresa que crece con gran porvenir. O bien, puede ahorrar el capital y crear una compañía donde se muestre el talento en toda la expresión de la palabra.

Sobre la diferencia entre el tipo genio y el talentoso, quisiera presentar una interesante anécdota de Kukai (774-835) cuyo título póstumo fue Kobo Daishi

Un día, Kukai recibió una carta cuyo contenido era:

"Mi jefe no me entiende por nada del mundo. Si le doy algún consejo, sólo reacciona contra mí y no presta oídos. Estoy pensando que sería mejor renunciar al servicio en la Corte Imperial y alejarme de él".

Interpretándose al estilo moderno, era así. El autor de la carta era muy inteligente, del tipo genio. En cambio, su jefe era una persona común y corriente. El argumento de este genio era efectivamente justo, pero su jefe tenía orgullo de su posición y no podía aceptar tan fácilmente lo que decía el genio. Kukai le contestó de la siguiente manera:

"El consejo correcto es la manifestación de la voluntad del bien, y desde antes, esto se ha considerado bueno. Pero la cuestión es cómo ofrecerlo. Aunque se supere en teoría y razón, no se puede someter a la gente sólo con eso. De modo que es bueno, en todo caso, explicar con calma, de tal manera que su jefe entienda, así como hacer lo mismo que él. Si su jefe se da cuenta del error al actuar con usted, seguramente se convencerá. Supongamos que hay 2 propuestas, A y B, y usted piensa que indiscutiblemente es mejor la B. Pero su jefe insiste en que la A es la mejor y no cede. Entonces, en lugar de discutir la ventaja de la B, obre por lo pronto en conformidad con su jefe adoptando la A. Él dirá, siendo convencido, que siempre no era buena y desistirá de su idea. Esta sería la actitud correcta".

En el budismo, esta actitud es conocida como "doji" o identificación personal y empatía. Cuando Buda nos guía en las acciones, nos dirige al bien actuando de la misma manera que nosotros. Otro concepto similar a este fenómeno es "wako dojin" que se refiere a la voluntad de Buda y bodhisattvas de disfrazar su verdadera naturaleza, para juntarse con los seres humanos y salvar su alma.

Aunque se ilumine a la gente que vive en un nivel bajo, con la luz del Mundo Espiritual, desde un nivel demasiado elevado, se le haría simplemente deslumbrante y no entendería absolutamente su significado. Por eso, para salvar a la gente que vive en este mundo efímero, los seres superiores deben descender al mismo nivel. Es importante ajustarse al nivel espiritual de la persona a la que se trata. Al final, es inútil si no se logra hacer entender y convencer a la gente, por más que se pongan teorías elevadas.

Así, se puede controlar a sí mismo, a su disposición, adaptándose al nivel del otro, sin atacarlo con toda la luz de la inteligencia y capacidad. Es la manera como obra "wako dojin", que es la expresión simplificada de: "moderándose" (wa) la luz (ko) de Buda, Él comparte (do) el mundo de la impureza (jin). Dainichi Nyorai (Mahavairocanasatatha-gata, ser supremo del budismo esotérico) irradia una luz divina demasiado deslumbrante, por eso toma forma de la deidad guardián Jizo, para emitir una luz tenue y orientar a los espíritus del Mundo Infernal. Esto también es obra de "wako dojin".

"Es recomendable aconsejar de esta manera a su jefe. Y si no se lograra nada después de haberse hecho esfuerzos, se puede cambiar de estrategia. No se vayan a precipitar de ninguna manera". Así Kukai contestó atentamente a la carta. Esta es una traducción libre, adaptada al estilo moderno, pero es verdad que Kukai respondió de esta manera.

Lo que se puede deducir de esta carta es que Kukai, que era tan genial, difundió el budismo esotérico de la secta Shingon con bastante dificultad y tribulaciones. A sus treinta y un años de edad, se hizo octavo heredero ortodoxo de Shingon y regresó de China a Japón. Se observa en su escrito su suspiro: "Ah, el budismo esotérico de Shingon es tan bueno, pero difícilmente se difunde en el mundo", y eso que ya habían transcurrido más de 10 años. Él mismo sufría más que el remitente de la carta.

El mundo de la "wako dojin" ha de haber sido el supremo lugar al que el genio Kukai alcanzó por fin, al haber acumulado las penalidades sufridas de la manera anterior. Sería un verdadero desperdicio quitar el germen del rico talento que se encuentra en el interior de uno, por causa de un trivial problema de relaciones interpersonales. El talento es para desarrollarse. Pensando bien en este aspecto, un genio que está en una gran organización, deberá desenvolverse aparentando ser como un simple tipo talentoso en este mundo de hoy (como antiguamente).

Diferencia entre Kukai y Saicho

En contraste con "wako dojin", Saicho (767-822, cuyo nombre póstumo fue Denkyo Daishi, una de las figuras más importantes en la historia del budismo japonés, contemporáneo de Kukai) trató de ser perfeccionista, contando con un espíritu y actitud de no transigir tercamente, sosteniendo la firme idea de que "lo justo es lo justo". En un sentido, esto es correcto. Efectivamente, el hombre debe tener este lado, es decir, una fe que no pueda ceder en absoluto. Se podría decir que éstas son las características del tipo genio.

Entonces, a pesar de que Kukai y Saicho se consagraron igualmente al servicio de Buda, ¿por qué surgieron dos tipos de pensamiento? Considero que esto se debe a la diferencia en el proceso de la vida que cada uno había seguido. En aquel entonces, Saicho ya era un bonzo (sacerdote de Buda) que se encontraba entre los diez mejores. En cambio, Kukai tuvo que abrir su propio camino siendo un pobre bonzo no autorizado por el gobierno. Por esta razón, inevitablemente se vió obligado a pasar muchas penalidades. Además, sus penas eran sumamente seculares: tuvo que bajar la cabeza muchas veces ante los demás, y en otras hacer la barba para inaugurar un templo. Kukai supo humillarse, no sólo ante Buda sino también ante todos los simples bonzos de las seis sectas de Nara. Me imagino que habrá llegado a esta altura después de haber sufrido alguna humillación como para morir.

Kukai ha de haberse preguntado a sí mismo: "Yo que me dedico al supremo Buda, ¿por qué tengo que bajar tanto la cabeza con mucha paciencia ante las personas cuyos niveles de inteligencia, conocimientos, poder espiritual y posición espiritual, son más bajos que los míos?". Según narra la historia, aparentemente Kukai ganó el favor del emperador Saga y estableció maravillosos méritos sin dificultad, mostrando su genialidad. Sin embargo, Kukai, que no era de clase alta ni contaba con el apoyo de nadie, debió de haber alcanzado su posición y honor habiendo empezado desde nada.

Kukai expuso: "El deseo no es sino la fuerza vital del universo". Al haber contemplado seriamente este deseo, llegó a captar por primera vez la esencia del ser humano. El verdadero genio debió penetrar hasta este punto. Personalmente yo pienso que se debe tomar como ejemplo a Saicho en la actitud hacia Dios y a Kukai en cómo desenvolverse en la vida.

Sin embargo, desgraciadamente, en el mundo después de la muerte, Saicho tuvo más alta pocisión que Kukai. Saicho luchó contra las seis sectas de Nara y murió a medio camino en la realización de su objetivo, pero tenía un corazón puro y cándido, y siempre abrigaba el gran deseo de formar a los jóvenes para que llegaran a ser tesoro nacional.

Por otro lado, Kukai se esforzaba y se desvelaba por difundir de alguna manera el budismo esotérico de Shingon. Los dos eran misercordiosos, pero Saicho superaba a Kukai en la pureza y generosidad, y las enseñanzas de la escuela Tendai de Saicho estaba más conforme al camino del Mundo Divino.

Inmediatamente después de haber entrado en el Mundo Espiritual, separándose del cuerpo físico, Saicho fue superior a Kukai en siete rangos, y luego atraía sucesivamente al centro espiritual monte Hiei, fundado por él, a los héroes budistas como Honen (1133-1212), Shinran (1173-1262), Nichiren (1222-1282), Dogen (1200-1253), Eisai (1141-1215) e Ippenshonin (1239-1289), para dar orientación espiritual desde del Mundo Espiritual. Además, su espíritu, junto con el de Shotoku-taishi (574-622, gran estudioso, devoto budista, y político), se esforzó por la prosperidad del país, creando nuevas normas de budismo conforme a la época. Por ello, su nivel espiritual se elevó rápidamente, ganando el terreno a Kukai en 24 rangos.

Por otra parte, el espíritu de Kukai, que se dedicaba completamente al entrenamiento en el Mundo Espiritual, empezó a realizar nuevas actividades después de mil años de su muerte. Como explico detalladamente en mi libro *Mundo Divino*, su espíritu encarnó en el señor Onisaburo Deguchi, fundador de la religión Omoto. en una época de gran transición en Japón. En la vida de Onisaburo y Kukai hubo éxitos y fracasos, pero el espíritu de Kukai, que había cumplido con los preparativos para la revolución espiritual, pudo elevar su nivel, logrando disminuir la diferencia con Saicho hasta en dos rangos.

Nadie sino el espíritu de Kukai hubiera podido orientar la vida de Onisaburo durante 78 años. De hecho, estuvo llena de penalidades, y a la vez, méritos.

Kukai, como Onisaburo, en tan sólo 78 años acumuló penas y virtudes, e hizo la misma proeza que Saicho, quien había atraído y formado al personal en el monte Hiei durante mil años estando en el Mundo Espiritual. No obstante, durante el período de entrenamiento en el Mundo Espiritual, Kukai siguió quejándose por más de 700 años de que no se formaba el personal en el monte Koya, otro centro espiritual que él fundó. Él decía: "Habría sido bueno si se hubieran simplificado las enseñanzas al estilo japonés, abandonando la terquedad".

Sin embargo, la proeza de Kukai ha permanecido en este mundo convirtiéndose en el salvador del corazón del pueblo. Es inmensamente grande el papel que cumplió el monte Koya para Japón. Bueno, he hecho comentarios sobre el nivel espiritual de Saicho y Kukai, sin embargo, quisiera aclarar sinceramente que no tengo intención alguna de criticarlos ni estoy en la posición de hacerlo. Simplemente se trata de una diferencia en la misión espiritual de los dos, desde el punto de vista del Mundo Divino japonés. Ambos están realizando la valiosa misión de ☉ Su (Dios Creador del Universo que preside el mundo de todas las dimensiones), pero temporalmente se presenta la superioridad de uno al otro, tanto en el Mundo Material como en el Mundo Espiritual. Propiamente, Kukai nos muestra el modelo del Estado de Perfecta unidad con Dios, desempeñando el papel de padre, y Saicho, teniendo el papel de madre, sentó la base para formar al personal del Estado de Perfecta Unidad con Dios.

Todos los fundadores de las religiones budistas de Japón, sucesivamente aprendieron en el monte Hiei y se perfeccionaron en el monte Koya, para recibir directamente de Dios la verdad. La semilla del budismo que sembró Shotokutaishi floreció en dos personajes; uno en "yin" (sombra) y otro en "yan" (sol). En este sentido nadie puede hablar de la superioridad entre los dos, puesto que finalmente conducen al mismo nivel (los dos pretenden alcanzar el máximo nivel), aunque fluctúe temporalmente su nivel espiritual.

La hermosura de una flor sobre la fealdad de su raíz

Como he explicado en mis libros *Suerte, Espíritu Guardián en Romance* y *Poder Divino*, la mayoría de la gente tiene barreras espirituales, algunos más, algunos menos. Me refiero al fenómeno de que se está poseído de un espíritu de rencor o de gran serpiente a causa del mal karma de los antepasados o malos actos de sí mismo, lo cual causa enfermedad, fracaso en el negocio, entre otros. Al eliminar completamente estos obstáculos espirituales, se presenta inmediatamente la buena suerte. Esto es la salvación y purificación del espíritu que practico. Al efectuarlo, la suerte de la fortuna monetaria o la buena suerte fructifica mucho más rápido y se garantiza, ya que por lo menos desaparece lo que impide inmaterialmente su realización. Ahora, el Karma que constituye la causa de los obstáculos espirituales se manifiesta más directamente en la idea y la manera de ver del individuo. Es decir, la perversidad del "sonen" (pensamiento) viene de aquella del Mundo Espiritual y ésta, de los obstáculos espirituales. La persona con un intenso karma tiende a poseer un excesivo modo de pensar con la idea de "tiene que" o "debe". Y una vez que cree en algo, nada ni nadie puede hacerla cambiar de opinión. Ya no se trata de fe ni amor, sino simplemente es "egoísta" y "terco" de manera negativa. Esta es la característica de un intenso karma. Si se pudiera corregir esto a través del entrenamiento espiritual, se podrían resolver los obstáculos espirituales hasta cierto punto, pero frecuentemente suele tener una idea lúgubre y además, sostener tercamente su opinión. Siendo así, uno empieza a pensar de modo egocéntrico y no prestar oídos a la opinión de los demás. La mayoría de las personas demasiado perfeccionistas caen en este patrón. Al aferrarse a una idea: "Una flor debe ser hermosa sea como sea", la parte de la raíz que está en la tierra se pierde inevitablemente en la conciencia de uno.

Sin embargo, lo cierto es que la que soporta la hermosa flor es la raíz que se encuentra debajo del suelo. Comparando la flor con su raíz con subjetividad, evidentemente la raíz es más fea que la flor. Pero, no se puede hacer caso omiso a la raíz, porque si se desea hacer crecer flores más bellas y sanas, se necesitan fuertes raíces. Lo mismo pasa con el ser humano.

Si se compara con el hombre, la raíz sería el deseo o el instinto. Kukai examinó bien la importancia del deseo del ser humano, en otras palabras, la de la raíz de la flor, y consideró como una belleza el deseo del ser humano, así como la raíz y la flor.

Bueno, todo esto me parece un poco teórico. Quisiera decir en pocas palabras, que nosotros los seres humanos, tenemos no solamente lados bonitos. La esencia se logra entender al conocer la parte que no se exterioriza.

El religioso y el bienhechor que buscan simplemente la belleza y la pureza, no quieren ver el otro aspecto a menudo, pero esto es un error.

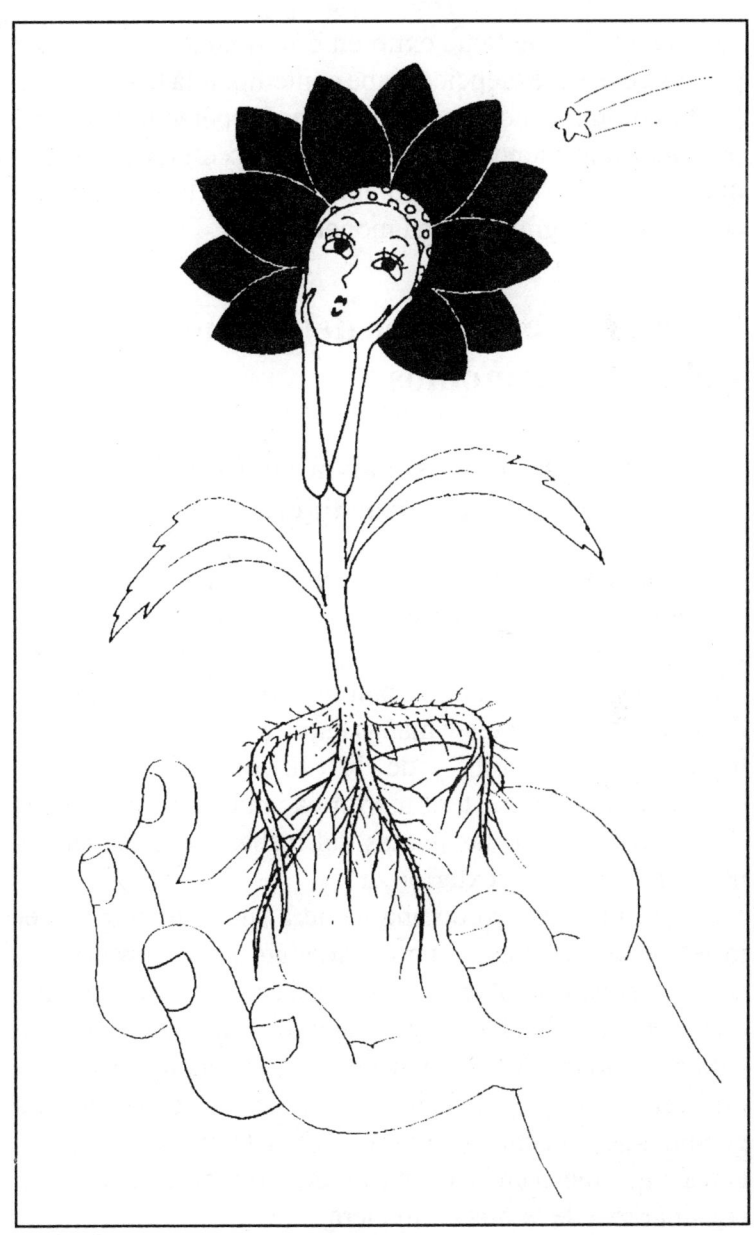

La persona que tiene éxito en este mundo es respetada por la gente, sin excepción, sabe contemplar la flor y la raíz. De lo contrario, no atraería a nadie. La persona que sabe perdonar aún viendo la parte sucia, posee generosidad y magnanimidad, así que seguramente tendrá éxito logrando conseguir una gran fortuna monetaria.

Lucha entre el poder del virtuoso y el de los demonios

¿Por qué sólo los malvados son hábiles para hacer dinero?

En Japón tenemos una expresión: "El dinero mal habido nunca madura". Pero en este mundo parece ser que sólo los malvados son, por alguna razón, buenos para ganar dinero. Hay personas que han hecho una gran cantidad de dinero con palabras y mañas hábiles, como los escándalos de "Toyota-shoji" y de "Toshi Journal". Estos dos casos, como se sabe, terminaron pagando sus consecuencias, pero son sólo las puntas del iceberg y el verdadero mal difícilmente se exterioriza.

"Si se hace dinero de una manera sucia, se sufre en el infierno después de la muerte. Además, no se conserva en tres generaciones". Aún pensando así con suspiros, se siente un despecho indecible al ver el hecho de que el dinero fluye sólo hacia los malos. La gente en general, incluyéndome a mí, cree que la "ley de la naturaleza" es que en las buenas personas se concentra el dinero y las malas personas reciben el pago que merecen. Y en el Mundo Divino también ha de considerarse de la misma manera.

Sin embargo, en el Mundo Material las cosas ocurren completamente opuestas. Con frecuencia "la honradez no se recompensa". ¿A dónde se fue la autoridad de Dios? Tengo la sensación de querer quejarme así.

¿Habrá reglas propias de hacer dinero para los buenos, y otras para los malos? Un tiempo sufrí seriamente pensando, si el dinero fluía hacia los malos por la diferencia de reglas. Pero una vez entendí claramente por qué los buenos perdían y los malos ganaban.

La diferencia consistía en el poder de voluntad y aferramiento.

"Quiero ganar dinero a toda costa. Voy a ser rico sea como sea, aún empujando y pisoteando a otros".

Ésta es la manera de pensar de los malos. Su apego es tan espantoso que día y noche piensan sólo en dinero. En casos extremos crean un "sonen" (pensamiento) tan violento hacia el dinero que acechan hasta recibir la suma de seguro de vida, matando al asegurado. Éste ya no es un modo de pensar ordinario.

Un "sonen" fuerte puede animar al Mundo Espiritual. A veces el mismo "sonen" se convierte en espíritu (llamado ikiryo o aparecido) y posee a la persona. En un cierto sentido, se podría decir que el "sonen" y el Mundo Espiritual son existencias de la misma categoría. Por lo tanto, si uno emite constantemente el "sonen" a todas horas, el Mundo Espiritual se le presenta y le transmite una gran suerte hacia la fortuna.

Ahora, ¿qué pasa con las personas consideradas buenas?

"¿Dinero?. Si lo tenemos suficientemente para que mi familia pueda vivir decentemente, está bien. Estaría mal si no pudiera pagar médico cuando mis hijos se enfermaran, pero en particular no necesito lujos. No quiero ganar dinero a costa de otros, ya que hay muchas otras cosas más importantes que hacer dinero".

Así, no tienen ningún interés de hacer fortuna. Si no se tienen deseos, ni interés, no hay "sonen", por lo que el Mundo Espiritual que trae la fortuna no se anima.

Es obvio quién será el ganador cuando una buena persona sin fuerte "sonen", ni interés, ni aferramiento que inciten al Mundo Espiritual, compite en hacer dinero con una mala persona llena de todo esto, quien con un objetivo bien que mal, emite el "sonen" hacia el Mundo Espiritual que rige la fortuna monetaria.

Esta fue la razón por la que sólo los malvados parecían más hábiles para ganar dinero.

Lo mejor es ser virtuoso con un correcto deseo

Entonces, ¿los buenos siempre tienen que estar a sotavento de los malos? Nada de eso. En general los buenos no tienen codicia y los malos sí. Sólo que esta diferencia de deseo se refleja en la del poder espiritual y de la fuerza psíquica, o en la del vigor. Los buenos, con sólo tener el deseo correcto, nunca se verán dominados por la fuerza del mal.

Es mejor no sólo tener la idea de vencer a los malos en el Mundo Espiritual después de la muerte sino también en este mundo durante la vida. Se puede tener una elevada moral de dominar al mal, tanto en este mundo terrenal como en el mundo después de la muerte. Esto se puede afirmar más, sobre todo, cuando se trata de la fortuna monetaria en que la diferencia de la fe y la de la fuerza de voluntad son reflejadas directamente en cantidad o números concretos.

Si se tiene la firme fe de que "el bien gana destruyendo el mal", se incrementará naturalmente la fuerza de concentración y se manifestará la tenacidad. Además, se elevará la conciencia, por lo que el poder del Mundo Espiritual como el del espíritu guardián pueden entrar en condiciones y apoyarnos totalmente. Esto constituye el poder espiritual para lograr la fortuna monetaria.

Parece ser que esta idea de tener el deseo correcto no va bien con los japoneses, en general encabezados por los religiosos. Pero sin este deseo, no se puede vencer al fuerte poder del mal. Quien lo expuso detalladamente y exhortó a conducir correctamente el deseo, reconociéndolo, fue ni más ni menos que Kukai. En la historia de Japón, los que mostraron un sobresaliente poder del bien, sin verse dominados absolutamente por el mal espiritual, social ni político fueron Nichiren, y en años recientes, Onisaburo Deguchi, fundador de la religión Omoto.

Ahora, a lo que debemos prestar atención es a que uno debe abstenerse absolutamente del deseo egocéntrico. El deseo no debe ser sinónimo de egocentrismo. "El tener dinero sirve para la felicidad del mayor número de personas y precisamente eso es lo que desea el Mundo Divino". Debemos esforzarnos creyendo firmemente en esta idea teniendo el deseo de cumplir el gran sueño del bien. Pero si uno antepusiera el dinero a todo, se apegaría con aferramiento. Siempre debe adelantarse en una proporción de un 70 por ciento la idea: "bien para los demás, para la compañía y para el cliente" y el 30 por ciento restante se puede creer firmemente: "que también el dinero llegue a mí, más bien necesariamente debe llegar a mí", como el caso del señor Toshio Doko del que expondré más adelante. Seguramente la gran fortuna monetaria se presentará si uno busca "el mayor bien y un poder fuerte que mejore las cosas y conduzca al ser humano a la felicidad", y si deposita la esperanza en las tres deidades de la fortuna monetaria y en las siete deidades de la buena suerte, de las que explicaré posteriormente.

Hay muchas personas que tienen una egoísta codicia, pero son realmente pocos los que desean la felicidad de todos anteponiendo el Mundo Espiritual. Precisamente por eso se requiere de hombres de gran talento que muevan la fortuna monetaria utilizando el poder del Mundo Espiritual. Al abrigar un gran deseo uno se dará cuenta de que el ganar dinero sólo para sí mismo es un pequeño deseo trivial. Si se establece un gran objetivo, se reunirá el dinero como si fuera atraído empezando con pequeñas cantidades.

El dinero controlado por Satán es atractivo, pero lleno de peligros

Ahora, quisiera que pensáramos un poco sobre el dinero.

Habrá mucha gente que conciba la duda: "¿Por qué existe el dinero en este mundo?" Sobre todo, cuando uno no tiene ni un centavo, antes de desear tener dinero pensará: "Sería bueno si no existiera dinero en este mundo".

Se podría pensar que el dinero es el punto culminante de las cosas, es decir, del Mundo Material. En el idioma japonés, el ideograma que expresa dinero significa también oro, el cual mantiene su lustre durante decenas de miles de años sin oxidarse y es un parámetro para medir el valor de lo material. No es que alguien haya decidido eso, sino la sabiduría humana cultivada durante largo tiempo lo hizo con naturalidad.

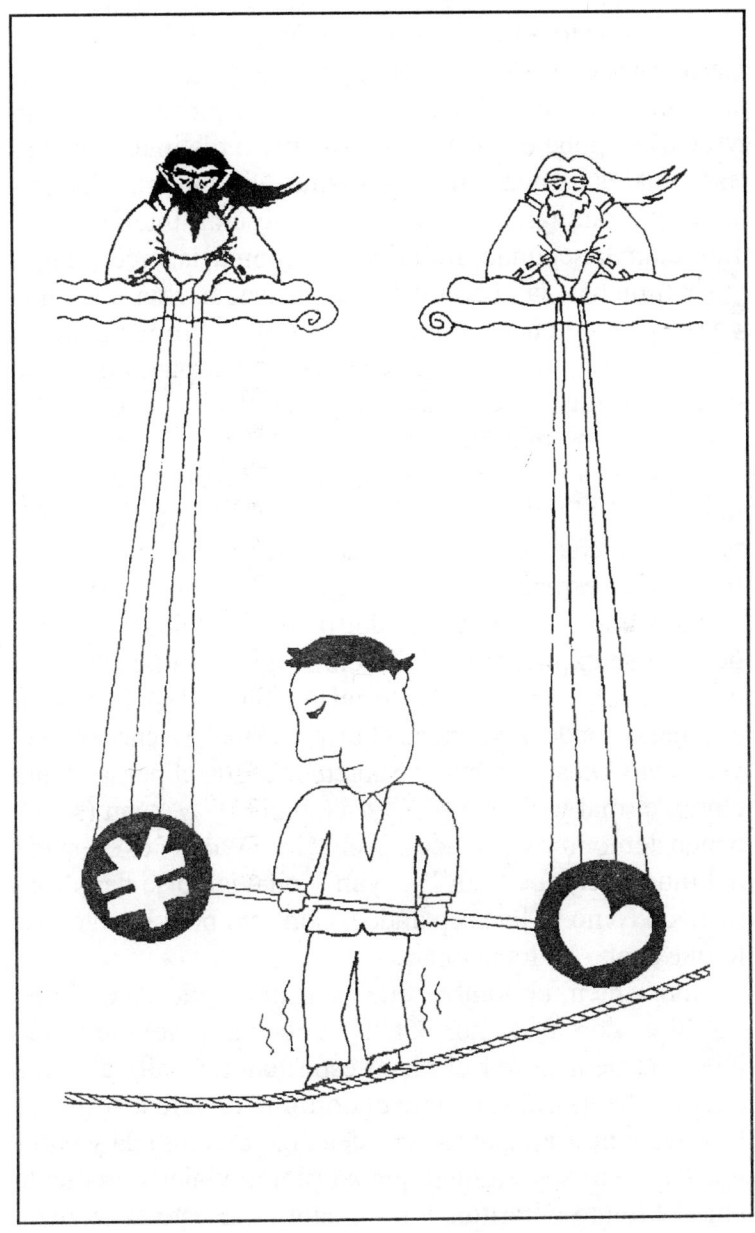

A propósito, el hombre físicamente es un ser material, pero desde el punto de vista del mundo inmaterial es un ser pensante y espiritual. Cuando actúa el espíritu (alma individual) se pone en acción, activa cuatro distintas esencias espirituales llamadas Kushi-mitama, Nigimitama, Sakimitama y Aramitama. La primera representa inteligencia e intuición; la segunda, afabilidad y armonía; la tercera, amor y sentimiento; la cuarta, valor y paciencia. Son una alma compuesta de cuatro diferentes espíritus. Propiamente, el cuerpo físico vuelve a la tierra, pero el espíritu humano es eterno, y en este sentido se puede decir que es un ser espiritual y no material.

Es decir, el hombre que posee el cuerpo físico existe tanto en el Mundo Material como en el Mundo Espiritual, pero considerado en el significado fundamental de la vida, es un ser vivo espiritual. La verdad es que quien controla este Mundo Espiritual a través del bien, es "Dios" (en otra ocasión se explicará su definición algo complicada), y el que controla el Mundo Material es "Satán". Además, en el mundo donde trascienden el bien y el mal, se encuentra el verdadero Dios Absoluto y Supremo. Según el pensamiento chino, el mal y el bien son "yin (sombra)" y "yan (sol)", o bien demonios y deidades. Y el "Gran Vacío" es el estado del mundo en que "yin" y "yan" todavía no se han desarrollado (o no se han separado). Con esto podrán entender lo que acabo de mencionar.

Ahora bien, el hombre que está sumergido en el deseo carnal es dominado por Satán. Sin embargo, el individuo que trata de alcanzar el plano espiritual más alto a través del cuerpo físico, está bajo el dominio de Dios. Algunos lectores pensarán que es una idea algo precipitada y equivocada, pero soy alguien que ha sabido viajar libremente por el Mundo Espiritual y les aseguro que esto es cierto.

No estoy argumentando que el Mundo Material sea del mal. Lo que busca Satán es la voluntad que intenta dominar el Mundo Material, o hacer que la gente se vuelva prisionera de lo material, y en ese pensamiento vive el mal. Por favor, no se confundan al respecto.

Bien, volvamos al tema del dinero. Cuando uno pone toda su atención en ganar dinero, siendo cautivado por él, y olvida la formación espiritual y la elevación interior, se conduce a la suerte de la fortuna dominada por Satán. Ciertamente el dinero se reunirá, pero a través de ello su espíritu no se acercará al nivel superior del Mundo Espi-ritual, ni hace que la gente sea feliz. Contrariamente, su espíritu se degenerará y le quedará una sensación vacía e inquieta aunque goce de una vida de lujos.

Satán piensa de la siguiente manera:

"El dinero es todo. Mientras se posee cuerpo físico, lo que uno debe aprovechar es vivir de orgías libres y divertidamente. Para eso se necesita dinero, lo mejor es ganar dinero".

A veces nosotros somos propensos a caer en este pensamiento. No es que el deseo humano nos induzca así, sino que nos volvemos sin querer cautivos de Satán al poner el criterio del juicio de la felicidad sólo en el deseo carnal. Contrariamente, tendemos también a creer que sólo el espíritu puro cristiano es el mundo de Dios y el del espíritu. Pero, irónicamente, hay ocasiones en que al intentar acercarse a Dios, resultó que se aproximaba a Sátan, que se disfrazaba de incorruptibilidad. El verdadero Mundo Espiritual es más complejo: comprende la satisfacción y realización de sí mismo y no niega de ninguna manera la alegría del Mundo Material, respetando el correcto equilibrio que pone el espíritu como lo principal y la materia como lo secundario.

Si se coloca el criterio de la felicidad en la del Mundo Espiritual, la de uno mismo así como la del mayor número de personas, y se desea lograr la suerte económica de acuerdo con este criterio, se conduce a la fortuna monetaria controlada por Dios. Aunque se trate de la misma suerte, si el deseo primario es diferente, la fortuna se vuelve completamente distinta, distinguiéndose la de Satán de la de Dios.

El olor del dinero

"Me conformo con ser feliz en este mundo, no me importa lo demás". Pensando así se consigue la suerte económica de Satán y se lleva la vida con un sinfín de lujos en este mundo. Entonces, ¿qué pasará cuando uno se vaya al Mundo Espiritual? Ahora, les haré una explicación de su situación con cierto tono de advertencia.

En el Mundo Espiritual también existe dinero, pero sólo en un nivel espiritual bajo. Curiosamente, ese dinero tiene olor. Huele muy mal. Aunque uno se tapara la nariz, el olor penetraría. No se puede aguantar el hedor, pero los habitantes de ahí no pueden trasladarse a otro nivel espiritual, por lo que se ven obligados a inhalar el mal olor a pleno pulmón.

Cuanto más se aprovecha la fortuna monetaria de Satán para reunirse y gastarse el dinero en el Mundo Material, tanto más olerá en el Mundo Espiritual de nivel bajo. Además, no sólo despide olor sino que se forma una montaña de suciedad por causa de la mala afinidad espiritual con relación al mundo terrenal, y sus descendientes tienen dificultades económicas en el mundo real, debido al dinero maloliente del Mundo Espiritual.

Todos los habitantes de ahí tienen caras completamente negras, supuestamente porque su mal deseo es excepcionalmente fuerte. Sus caras son tan oscuras que se ven como si estuvieran pintadas con tinta negra, pero como todas son negras, su semblante parece natural.

A propósito, este relato de la fortuna del mal en el Mundo Espiritual es algo parecido a un famoso cuento popular japonés titulado "Hanasaka —Jiisan" (Abuelo y flores). Había una vez un abuelo honrado. Un día, en el campo de atrás de su casa, ladraba un perro llamado "pochi", por lo que dicho abuelo excavó en ese lugar. Por sorprendente que sea, de ahí salieron abundantes monedas de diferentes tamaños. Un abuelo vecino suyo, lleno de avaricia, al haberse enterado de eso, maltrató a pochi en el mismo campo e hizo que ladrara, luego excavó en ese lugar. Encontró un gran jarrón y pensó: "¡Qué suerte!, con esto voy a ser muy rico". Pero al quitar la tapa salió una gran cantidad de excremento maloliente.

Igualmente hay otro ejemplo del abuelo honrado y la abuela maliciosa que aparecen en un cuento popular japonés llamado "Shitakiri Suzume" (El gorrión al que le cortaron la lengua). En este caso salen serpientes, lagartijas y sapos en lugar de excremento. Pero es similar al anterior.

"El hombre debe ser honrado. Pagarás consecuencias tan desastrosas si maltratas a la gente o piensas sólo en tu bien, volviéndote ávaro sin importar el bien de los demás". De esta manera, estos cuentos amonestan a los niños pequeños. Se considera que quizá una persona espiritualmente sensible, entrevió la situación de la fortuna del mal en el Mundo Infernal, lo cual se ha transmitido como cuentos populares de generación en generación.

54 CÓMO LOGRAR UNA GRAN FORTUNA Y EL ÉXITO

¿Quién asciende al paraíso después de la muerte?

"Hasta las cosas del infierno dependen del dinero". Es un dicho que muestra el gran poder del dinero. Pero, ¿de verdad existe soborno o algo parecido en el Mundo Espiritual?

Hacer una magnífica tablilla mortuoria con nombre póstumo budista, erigir una tumba de mármol o pedir al bonzo que haga oración... aparte de todo esto, ahora desarrollaré el tema observando cómo aprovecha una persona la buena fortuna monetaria durante la vida.

Ya he explicado un poco sobre la fortuna del mal en el Mundo Infernal que se asienta en el nivel espiritual bajo. Entonces, ¿qué es lo que se debe hacer para entrar en el Paraíso?

Para empezar, el paraíso se divide, a grandes rasgos, en tres rangos. El de más arriba es el primer nivel del paraíso, luego sigue el segundo nivel del mismo y después, el tercer nivel. Cualquier persona desearía ir al primer nivel del paraíso si se le permitiera, pero en cada rango existe un "examen de calificación" muy estricto y si no se aprueba no se puede pasar por la puerta del paraíso. Cuando hay algún punto dudoso, por pequeño que sea, suena una alarma como si fuera un detector de metal en la puerta del aeropuerto, rechazando la entrada al país.

Bueno, primeramente quisiera explicar el tercer nivel del paraíso. Muchas veces aquí entran benefactores independientemente de la religión que hubieran practicado, como por ejemplo, las personas que hayan salvado a los necesitados y desgraciados sacrificando su propia fortuna. Claro que no valdría si donaran el dinero mal adquirido aparentando ser bienhechores, es decir, el dinero conseguido por la fortuna monetaria de Satán, aunque se trate de millares de millones de yenes. En tal caso, el detector de mala afinidad sonará estrepitosamente en la puerta del paraíso.

Al segundo nivel del paraíso se les permite entrar a las personas que se dedicaron al camino de Dios, o sea el de la religión y vivieron siempre honradamente tanto consigo mismos como con Dios.

Y el primer nivel del paraíso, que es el de rango supremo, es el Mundo Espiritual preparado para las personas que siguieron limpiamente el camino de Dios, dirigieron gente contando con una gran fortuna, posición y honor, y dejaron grandes méritos en el mundo, haciendo buen uso de todo esto para Dios y los demás. Son las personas que obtuvieron la fortuna monetaria con el poder del bien, aún más grande que la de Satán, y desarrollaron material e inmaterialmente una virtud intangible. Como realizaron actividades para el bien teniendo concordancia entre el espíritu y la materia, esas personas fueron existencias más cercanas a Dios en el Mundo Material.

Si se llegan a controlar completamente las cosas del Mundo Material y el deseo carnal, así como a utilizarlas conforme al deseo de Dios, el camino al primer nivel del paríaso está bastante próximo. ¿Qué tanto se puede lograr la buena fortuna para la felicidad de Dios, los demás y de sí mismo, venciendo la tentación de la fortuna monetaria de Satán? Esta es la clave para entrar en el Mundo Espiritual Paradisíaco.

¿Cómo lograr el éxito?

Existe una razón por la que uno no puede ascender en el mundo

Si no hay causa no hay efecto. Esto es lógico. Entonces, ¿a qué se debe el hecho de que muchas personas difícilmente pueden abrirse camino en este mundo? Sus compañeros ascienden y usted no. ¿Por qué será?, puesto que son de la misma promoción en la compañía. Naturalmente habrá mucha gente que quiere saber la razón de ello. Contestaré claramente a esa duda.

En el prólogo mencioné que para hacer fructificar los esfuerzos se debía desplegar completamente el talento que se poseía en el momento en que se presentaba la oportunidad decisiva. Más adelante, en el segundo capítulo, explicaré con detalles que para hacer valer el talento es bueno utilizar tres deidades de la fortuna monetaria (Sanmen Daikokuten, Zao Gongen y Sampo Kojin) y siete deidades de la buena suerte (Bishamonten - dios del tesoro, Ebisu - dios de la riqueza y comercio, Daikokuten - dios de la fortuna y cinco cereales, Benzaiten - dios de la fortuna, Jurojin - dios de la longevidad, Fukurokuju - dios de la riqueza y longevidad y Hoteiosho - otro dios de la fortuna)

Así, por lo pronto se pueden encontrar indicios de éxito y buena fortuna monetaria, pero no es suficiente. Porque el éxito no se puede lograr por sí solo. El éxito se puede gozar, siendo favorecido por sus superiores, apoyado por los amigos y sostenido por los subordinados. Esto es el éxito. Por mucho talento que se tenga para que el nombre sobresalga en el mundo y se obtenga una buena posición social, la capacidad y el valor tienen que ser reconocidos y apreciados por la gente.

Cualquier persona tiene defectos, pero la dificultad en las relaciones interpersonales y comunicación, constituye un obstáculo para el éxito. El que activa dichas relaciones es el poder de Niguimitama, espíritu de armonía. Casualmente este "nigui" es el mismo "nigui" del adjetivo "niguiniguishii" que significa próspero y alegre. Tomando como ejemplos a los generales del período de las guerras civiles, Nobunaga Oda (1534-1582), Ieyasu Tokugawa (1542-1616), Hideyosi Toyotomi (1563-1598), Kenshin Uesugui (1530-1578) representan Kushimitama (inteligencia), Aramitama (paciencia), Niguimitama (armonía) y Sakimitama (amor) respectivamente. Entre estos cuatro personajes, el que ascendió más que otros fue por supuesto Hideyoshi toyotomi de Niguimitama, quien había sido el hijo de un campesino pobre y llegó a dominar el país. Debemos ejercitarnos tomándolo como referencia.

Mi experiencia de rondar por los bares

Al igual que ustedes, yo que argumento esto, tuve un período en que sufrí mucho sin poder corregir mis defectos, estando consciente de ellos. Me permito presentarles mi experiencia y quisiera que la tomaran como un ejemplo.

Tengo manejando tres compañías mientras me dedico a la Obra Divina como Toshu Fukami, investigador del camino del Estado de Perfecta Unidad con Dios. En otras palabras, en ocasiones tengo que actuar como espiritista y en otras como empresario, puesto que la orden de Dios es que me aplique a la Obra Divina a través de la profesión.

Si usted es empresario o personal de ventas en Japón, entenderá que para aumentar el beneficio de la compañía, hay gajes del oficio que no se pueden evitar de ninguna manera, quizá debido a la estructura del ambiente social de Japón. Se trata de la atención al cliente. Casi no existe la posibilidad de llegar rápidamente a un acuerdo en las negociaciones con un solo café. Cuanto más grande sea el trato, más grande surge la necesidad de atender al cliente.

Yo soy investigador del espíritu y me esfuerzo en ir por el camino de Dios. Sin embargo, a veces tengo que beber alcohol por mi trabajo, saliendo al barrio de Akasaka o áreas similares de la vida nocturna. Yo les llamo ciudad de "tejones" (que quiere decir zonas donde se reúnen muchos espíritus de tejón, los flotantes y los de bebedores. En Japón el tejón es sinónimo de engaño.). Esencialmente, a mí no me gusta el alcohol. Por eso no me es agradable.

Parece ser que esta penosa sensación se asoma en mi semblante y actitud por más que trate de ocultarla, y al intentar que no se note, me pongo inevitablemente con una expresión tensa. En el fondo yo pensaba: "el hombre que no puede atender debidamente al cliente no vale en el mundo de los negocios", pero no pude corregirme fácilmente.

Un día, sentí una chispa en mi mente

"Hay otra cosa más importante que la pureza y nobleza. Como soy ser humano, siendo verdadero espiritista, debo ser más fuerte. El no beber ni poder atender al cliente es porque mi amor y escala humana son pequeños. Por eso se ha vuelto débil el poder para vencer al mal. El cliente también es un ser humano y debe tener algún punto bueno. Lo observaré disfrutando cada momento al beber".

Sin evitar el problema del interior, lo debe uno enfrentar. Se debe tratar con gusto, abrazándolo con amor, no considerándolo como algo molesto. Asimismo, se debe creer que no se trata de paciencia sino de estudio, mejor dicho, como algo interesante y se deben hacer esfuerzos hasta llegar a divertirse. Avanzando positivamente de esta manera, el camino se abre solo.

Desde el momento en que decidí así, pienso: "Si existen deidades para todos los casos, deben existir también las de licores y de atención al cliente. Voy a enviar el alcohol al Mundo Espiritual en cuanto entre en mi boca". Asimismo, en ese entonces dominé el secreto del método espiritual de beber y me surgió un poder divino inagotable para beber ya sea en Akasaka o en Ginza, con mucha confianza en mí mismo. Desde entonces no me pasa nada por mucho que beba recorriendo hasta cuatro bares y aún atendiendo al viejo zorro borracho, lo venzo al beber. Y he llegado a ser una persona que bebe sin fin, cuando bebo, y puedo estar tranquilo sin beber, cuando no bebo. En pocas palabras, he dominado el "arte de beber en el Estado de Perfecta Unidad con Dios". Aunque quizás esto no es para enorgullecerse.

La persona considerada de primera siempre tiene algo peculiar

Creo que hay muchas personas que han sufrido un infierno de agasajos al cliente, como yo. Especialmente para las personas a las que no les gusta el alcohol, o a las que les molestan las luces de los bares, será literalmente una pena infernal.

Pero si se trata de una barrera que se debe superar de todos modos, para obtener el éxito y la fortuna monetaria, lo haremos alegremente aunque sea penoso.

MÉTODO DE GANAR Y USAR EL DINERO PARA... 61

Si uno se muere de sufrimiento, ¿no sería mejor volverse loco? No se trata de quedarse verdaderamente demente. Sólo que se juega el papel de loco aflojando un tornillo de la inteligencia e ideando, sin intentar aparentar verse mejor.

En Japón con frecuencia se dice que "suerte, generosidad y perseverancia" son tres elementos para tener éxito.

La suerte es, como la misma palabra lo dice, el encuentro con una buena ocasión u oportunidad.

La generosidad se refiere a la magnanimidad. La cuestión es si se puede jugar el papel de loco sin hacer alarde de sus conocimientos aparentemente astutos.

La perseverancia es la paciencia. Quiere decir tenacidad y constancia.

Ciertamente, entre presidentes, directores generales o fundadores de las grandes compañías, no hay persona tan perfecta que esté impecable de pies a cabeza. Tienen algo peculiar de lo que cualquier persona se puede dar cuenta. Es una gracia y podría decirse que es un atractivo humano. Al tratar con esas personas, uno se siente agradable y divertido. Ellos tienen tal ambiente.

Existe la expresión "embriagarse del ambiente". Si no le gusta el alcohol, puede disfrutar de la atmósfera que le rodea. Para eso lo importante es volverse completamente loco, abriéndose, en otras palabras, volverse hombre bueno que disfruta la compañía del hombre malo. Así, se hace divertido el banquete.

Esta actitud es efectiva también en el caso de llevarse con la gente odiosa o que no le cae bien a uno. La persona demasiado puritana tiende a desechar a los demás y encerrarse en su cascarón. Si es así, el éxito se vuelve dudoso. No se podría dirigir verdaderamente a la gente, ni hacerla valer con gran amor, y mucho menos, salvarla.

Si se desea tener éxito obteniendo la gran fortuna monetaria, debe llevarse bien con el tipo desagradable también, puesto que cuanto más capacidad se tenga, tanto más especial es su carácter. Si su contraparte trata de cambiar su personalidad, no hay problema, pero en la mayoría de los casos, es usted el que debe hacer esfuerzos para adaptarse a la persona que atiende. Pero, a la vez, a través de esta experiencia, nuestra personalidad se vuelve apacible. Al considerar que todo esto es un entrenamiento espiritual, usted podrá llegar a ver la cara del tipo fastidioso como la del padre sermoneador, aunque no la vea como la de Buda. Y curiosamente, al tratar a la gente con una actitud abierta, rompiendo su cascarón, ella nos muestra otro aspecto suyo diferente. Esto es la sutileza de los sentimientos humanos. La verdad es que esto es precisamente el entrenamiento de Niguimitama, espíritu de armonía, que mencioné anteriormente. Cuando usted es considerado un "tipo tratable" por un personaje influyente, está bastante próximo a la buena fortuna. Si es visto como un "tipo de porvenir" sube el voltaje de esta fortuna. Y cuando es estimado como un "tipo confiable", la fortuna monetaria y el éxito casi están en su mano. Para que sea así, no debe estar sumergido completamente sólo en su propio mundo. Se requiere de la magnanimidad y el despego de sí mismo, con lo que se pueden exponer francamente los defectos propios.

Una fe firme y un gran corazón atraen la buena fortuna

Las personas que llegan a ser hombres de categoría tienen generalmente fe firme, generosidad y noble ambición, más que los hombres ordinarios. Por supuesto que también tienen educación y talento. Además, son favorecidos por la suerte y estimados por los demás. Son puntos comunes entre este tipo de personas. Ahora, ¿qué pueden hacer las personas que son medio instruidas y talentosas?

En cuanto al estudio, no hay otro remedio que hacer esfuerzos para adelantar, pero cuando se trata de talento, suerte, estimación, etcétera, hay dos elementos: el elemento innato que se tiene de nacimiento, y el adquirido a través de esfuerzos con la ayuda de Dios. Pero sólo con hacer esfuerzos, el talento y la suerte que Dios dota, son limitados. Si usted tiene una fe firme, convicción, noble ambición y generosidad, aparte de esfuerzos, Dios prestará su poder sin escatimarlo. Así se compensa la falta del elemento innato.

Para lograr la gran fortuna monetaria deseando el éxito usted irá por la ruta de la vida con altibajos. A medio camino sucederán muchas cosas. Pero aunque se presente un tifón o terremoto, el camino se abrirá sólo si usted tiene una convicción firme estando confiado de: "Seguramente voy a tener éxito y lograr la fortuna. Estoy protegido por Dios. Soy un hombre incondicionalmente afortunado".

Esta intensa fuerza de voluntad, convirtiéndose en poder del alma, impulsa fuertemente al Mundo Divino. Es decir, el "sonen" que emite usted, ejercerá gran influencia a dicho mundo. Los que logran el éxito tienen un gran número de personas como subordinados, y dirige la empresa y la gente, pero a la vez mueve al Mundo Espiritual. Si usted realmente desea abrir el camino, debe hacerse, antes que nada, un hombre al que el Mundo Espiritual se vea obli-gado a ayudar y moverse.

Cuando usted aspira cumplir una gran ambición, las pruebas también son grandes en la misma proporción, pero el apoyo del Mundo Divino se hace más fuerte. Al haber nacido hombre (claro que mujer también), se debería desear llegar a ser un personaje de tan vasto corazón como el océano pacífico.

Los calvos, bajos y gordos son frecuentemente ganadores

Calvo, bajo y gordo parecen ser las primeras tres palabras discriminatorias, pero inesperadamente si se tienen alguna (s) de estas tres condiciones, se puede ascender con más facilidad. Desde luego que hay excepciones, pero generalmente las cúspides de las empresas grandes de Japón son de este tipo. ¿Por qué será así?

Iniciaré con la explicación de la característica de ser "bajo".

La persona baja tiene mucha tenacidad para desechar el complejo. Desde niño crece con el espíritu "ya verán", por lo que especialmente cuando su adversario es más grande, se esfuerza por desplegar sus fuerzas.

Además, teniendo el cuerpo pequeño, el interior del corazón se vuelve grande contrariamente y muchas veces posee sueños grandiosos. Como resultado de esto él puede desarrollar una ambición noble. Se dice que Minamoto no Yoshitsune (1159-1189, General de corta vida que se hizo leyenda) fue un buen ejemplo de este fenómeno.

Ahora, sobre la característica de ser "calvo". Esta condición es la prueba de tener gran cantidad de hormonas masculinas. La energía está borboteando en el interior del cuerpo. Esta vitalidad constituye el poder para el éxito. Como se dice desde antes: "No hay malo entre los calvos", la persona sin pelo tiene la ventaja de parecer buena y tranquilizar a la gente con la que trata.

Asimismo, la calvicie proyecta un sentimiento de superioridad a la persona que tiene cabello abundante. Como está expuesto el defecto físico de uno a otro, ambos se sienten despreocupados.

Por último, explico la característica de ser "gordo". Al dedicarse al servicio de atender directamente al público, se tiende inevitablemente a ser gordiflón. En Occidente se dice que a las personas que toman el cargo de presidencia o dirección les conviene más ser algo delgados que ser gorditos. Ya que en la sociedad occidental prevalece desde antes el sistema de ascenso por capacidad y su estructura social se basa en el individualismo, por lo que no es tan necesario prestar atención a las complicadas relaciones humanas y personales como en Japón. Por eso, si se da más importancia a la capacidad, es mejor ser del tipo tenaz, inteligente y esbelto.

Pero en las compañías japonesas todavía persiste el carácter del pueblo agrícola aunque se está occidentalizando, por lo que las relaciones humanas no pueden ser consideradas sólo en el contexto de trabajo. Es necesario tratar con los compañeros como familia, bebiendo juntos o escuchando sus preocupaciones. También se requiere de capacidad, pero en la sociedad japonesa se da más importancia al carácter armonioso y afable.

El tipo que cumple con estas condiciones es regordete. Particularmente la mayoría de los ejecutivos de las principales agencias de viajes de Japón, que son especialistas en relaciones personales, son de este tipo.

Por lo tanto, aunque usted sea bajo, calvo y gordo, no es necesario ser pesimista en absoluto. Contrariamente se puede tener confianza: "yo soy del tipo administrador". Generalmente los dioses de la fortuna como las tres deidades de la fortuna monetaria y siete divinidades de la buena suerte, son gordinflones y alegres.

Seguramente a las personas que no han encontrado indicios de éxito ni buena fortuna cumpliendo magníficamente estas tres condiciones, les ha de faltar algún otro elemento. El ser gordo no debe ser consecuencia de simple flojera ni de gula. Al tratar de solucionar todos los problemas en forma amigable la figura del hombre se vuelve naturalmente como la de Daikokuten y Hotei Osho.

Los individuos que lograron a pedir de boca la suerte del éxito y de fortuna llevando la vida plenamente con viento favorable, son excepcionales y más del 99.9 por ciento de las personas que van por el camino del éxito tienen frustración, pena y sufrimiento.

Piensen positivamente para cambiar su suerte

Sin embargo, aunque se encuentren en la misma situación dolorosa hay personas que sienten sufrimiento, y otras que piensan que vale la pena superarlo y que es algo divertido. Por ejemplo, supongamos que un barco naufragó y arribó un una isla inhabitada. Algunas personas pensarán: "¡Qué desgracia! El barco falló y para colmo llegamos a una isla desértica. No tenemos suerte. Tendremos que sufrir otra vez aquí". Pero otras considerarán: "A pesar del naufragio, nos salvamos de maravilla. Tenemos suerte. Estamos protegidos por Dios. Viviremos tranquilamente un tiempo en esta isla inhabitada hasta que venga un barco a salvarnos".

Están completamente en la misma situación. Las que están más felices y más cercanas a Dios son desde luego

las persona que piensan: "Tenemos suerte". Esta manera de pensar le gusta al Mundo Divino y es amada por la gente. Además, las personas que piensan así refuerzan su suerte y se les acerca el dinero, la gente y hasta los dioses.

Ahora, quisiera exponer cuán importante es manejar las cosas positivamente, tomando como ejemplo a una actriz que me visitó para consultar conmigo.

La actriz A (guardo el nombre) era todavía debutante. Pero ya había salido en la televisión y le esperaba una gran actividad para el futuro. Ahora, al haber empezado a firmar la siguiente película, le surgió un problema.

"Maestro, la verdad es que tengo que hacer una escena erótica. Además, según el guión, soy profesional en eso. Aquí entre nosotros, tengo solamente una experiencia con un hombre, y se me hace muy difícil realizar una actuación de sexo. Pero no puedo retirarme de este papel a esta altura y me da pena hacer tal escena".

Se notaba que estaba en apuros y confundida. Al pensar bien, si ella vencía esta barrera, le esperaban la suerte del éxito y la de la fortuna. Pero, si no la superaba, no era seguro si la oportunidad se le presentaría nuevamente.

Entonces le respondí de la siguiente manera.

"Entre las grandes actrices de hoy, hay muchas que tuvieron experiencia de desnudarse cuando eran jóvenes. Pero, el nivel espiritual no cae al infierno por el hecho de que se haya desvestido o aparecido en una escena erótica. Lo importante es la fuerza espiritual por la que se actúa. O se queda como actriz pornográfica o pretende ser auténtica artista pensando resueltamente que es una actuación. Esto depende de la grandeza de la ambición y la fuerza de su espíritu. ¿Habrá actores que se quejen de que no hayan tenido la experiencia del homicidio para desempeñar un papel de asesino? No habrá artistas que sufran para hacer la escena del suicidio, por no saber cómo actuar en el momento decisivo de agonía porque nunca se han suicidado. Sería la habilidad de la actriz llevar a cabo la escena erótica cubriendo la falta de experiencia con su capacidad de interpretación. Por favor, crea poder hacerlo porque precisamente usted es actriz. Tenga confianza en su capacidad de representación, desafíe vigorosamente y haga valer las oportunidades que se le presenten".

Al haber escuchado mi consejo el semblante de ella resplandeció y dijo: "De acuerdo". Y me prometió hacerlo positivamente.

O avanzas o te retiras. La verdad es que cuando uno está en una encrucijada importante o se enfrenta de lleno con las dificultades, es cuando se le presenta la mayor oportunidad de lograr el éxito y la fortuna. Si usted tiene el pensamiento y el poder del espíritu que pueden convertirlo todo en positivo, encontrará seguramente su camino a seguir.

El hombre exitoso es quien ha hecho valer las oportunidades cada vez que se ha encontrado en la encrucijada de la vida.

Método de ganar y usar el dinero según la edad

Es mejor no tener dinero cuando se es joven

Se dice: "El hombre apuesto no tiene dinero ni poder". Aquí, el "hombre apuesto" se refiere al hombre popular entre las mujeres, y este hombre popular ha de ser joven.

Asimismo, el "dinero" quiere decir buena fortuna o bienes y el "poder" significa influencia.

Entonces, se llega a la conclusión de que cuando se es joven no se tiene influencia y, por consecuencia, no se puede hacer dinero. Como el hombre apuesto se alegra de sus amoríos, no trata de pulir su capacidad con constancia, aunque tenga juventud y vitalidad. Pues es una conclusión demasiado lógica.

Y debo admitir que es muy correcto. Desde antaño se dice: "Experimenten penalidades en la juventud aún pagando dinero". Si se pensara solamente en ganar dinero desde joven, estaría mal desde el punto de vista de la higiene mental. Aparte de hacer dinero, es sumamente importante formar una personalidad sólida pretendiendo realizar la superación personal.

Sería triste que uno se sintiera más miserable a medida que transcurre el tiempo, mientras que su juventud estuvo llena de alegría. La forma correcta es intensificar esa alegría a través de los esfuerzos. Hoy debe ser mejor que ayer, y mañana debe ser mejor que hoy.

Si usted es pobre puede apreciar el valor del dinero. Precisamente porque no tiene dinero aprenderá la virtud de la perseverancia. Por la falta de dinero su sueño alcanzará nuevas proporciones, y debe tratar de encontrar una manera para divertirse sin gastar dinero. Como su cartera está vacía, empieza a pensar en el significado de la vida. Para los jóvenes, la falta moderada de dinero sirve de alimento para su crecimiento.

Los jóvenes gozan de flexibilidad y están literalmente llenos de potencialidad. El sufrimiento por falta de dinero puede convertirse en otra cosa mejor.

Propónganse una meta a los 18 años y alcanzarán su punto culminante después de los 30

Ahora, acabamos de ver que el no tener dinero en la juventud era muy natural. Entonces, ¿desde cuándo se empieza a entrar en la zona de la fortuna monetaria?

En el caso de las mujeres, el casamiento las introduce en un mundo de nuevas dimensiones, por lo que en esta ocasión omito explicaciones. (La edad casadera y el método de hacer que su esposo tenga éxito se detallan en mi obra titulada *Espíritu Guardián en Romance*) Pero si es hombre, es necesario proponerse una meta a los 18 o 19 años.

Me refiero a la edad que alcanza la pubertad y está por entrar en el mundo adulto. La conciencia empieza a expandirse desde el interior de sí mismo hacia la sociedad, el país y al mundo, y se comienza a pensar profundamente sobre su propia potencialidad y talento. Es también el período en que muchas personas cambian de espíritus guardianes.

Una vez que se haya propuesto un objetivo y fortalecido los espíritus guardianes, lo que se debe hacer en el siguiente paso es consolidar firmemente la base en la erudición, la personalidad, entre otros, hasta los 25 años. Y es necesario decidir en qué campo se puede demostrar mejor el talento. Pero en este período todavía falta mucho para enriquecer el mundo interior de uno y se debe tratar de formar la capacidad.

Y entrando a los 30, se debe explotar el poder creativo que se ha adquirido hasta entonces. Muchas veces, entre los 30 y 33 años, se alcanza el mismo nivel espiritual que en la vida anterior. En otras palabras, los conocimientos y la capacidad que se acumularon viviendo hasta los 80 años en su última vida pasada, se extraen completamente de su subconciencia. Pero no todos pueden experimentarlo. Se limita a aquellos que han vivido conforme a la voluntad divina haciendo esfuerzos con ahínco hasta entonces.

Si se puede adquirir poco después de los 30 años la capacidad y el talento que se lograron durante toda la vida anterior, se podrá sacar mucha ventaja a sus rivales. En realidad, desde alrededor de los 30, el espíritu empieza a dirigirse hacia el exterior. Pero eso no significa la separación del espíritu del cuerpo, me refiero a que la capacidad o el vigor espiritual comienza a rebosar desde su interior y expresarse en la sociedad.

En este sentido me veo obligado a decir que el hombre que no ha alcanzado un cierto nivel en su talento o en su mundo interior tiene un futuro muy inseguro.

Quizá, algunos de mis lectores que próximamente alcancen los 40 años, pensarán: "Se me pasó". Ahora, para la gente que piensa que está en esta categoría, mostraré un secreto para enriquecer el alma y el mundo interior, así como hacer valer el poder espiritual y el talento en forma expresa. El consejo que doy ahora es efectivo también para los que están por debajo de los 30 y los recién ingresados a una compañía.

Primeramente, deben dedicarse en algo con todo ahínco durante tres meses. Nada de quejas ni descontentos. Se trata de algo de lo que se puede entregar exhaustivamente hasta morir, ya sea que se esté en el baño, en el tren o en el elevador. Por supuesto que se debe cumplir también con el trabajo asignado. Deben esforzarse únicamente para cumplir con un objetivo. El objeto al que se dediquen puede ser trabajo o igualmente puede ser desarrollo de su propio talento.

La siguiente fase dura tres años. En este período se debe llevar una vida correcta. Se debe procurar regular cuidadosamente el vestido, alimento y vivienda de tal manera que en todo se sienta serenidad. Traten de no llegar tarde, no ausentarse, no salir temprano del trabajo. Asimismo, hagan bien los preparativos del trabajo y tomen vacaciones de manera útil hasta tal grado que se vuelvan ejemplo para los demás. Y ustedes pensarán: "Ya sé. Si se pudiera hacer fácilmente lo que dice usted, no habría ningún problema". Pero al entregarse locamente a algo en los primeros tres meses, el interior de sí mismo y la composición de los espíritus que le apoyan tienden a cambiar, y ahí es donde existe una alta probalilidad de cambio de espíritus guardianes. Por lo menos, aumenta el número de espíritus protectores que soportan su perseverancia. Y curiosamente, lo que se consideró antes como pena, ya no lo es. La suerte se mejora repentinamente y todas las cosas empiezan a marchar bien gozando de mucho valor, vigor y fuerza física. Por eso, después de tres años, encontrarán que están desarrollando una gran actividad como si hubieran nacido de nuevo.

De esta manera, casi siempre se puede obtener un ritmo propio, y se llega a poder desplegar el talento y la capacidad, debido a que en este período su alma se establece, y se completan las condiciones para que los espíritus guardianes les apoyen. La clave es dominar este secreto.

Esfuércense más, triplemente

Sin embargo, la realidad es que pasando de los 35 años, se pierden rápidamente tanto la fuerza física como la mental. Además, teniendo esposa e hijos, ya no pueden aventurarse como en su juventud. Por lo tanto es importante experimentar de todo hasta los 35.

Y después de esta edad, entran en la etapa en que las numerosas experiencias se hacen valer con base en la capacidad. Luego, alcanzando los 40 el vigor disminuye día a día y, además, empieza a notarse el cansancio en el cerebro olvidando fácilmente las cosas.

"La campana del Templo Guion produce un eco de transitorioridad de todas las existencias...". Con este famoso pasaje inicia el clásico *Relato de Heike*. Esta frase resume que no hay otro remedio que observar simplemente el transcurso del tiempo mordiéndose los dedos. Pero los que pulieron su talento a la edad de los 30 gozan del período de plena madurez a la edad de los 40's. A esta edad, la capacidad de administración debe ir prevaleciendo a medida que se debilita su fuerza física. Y a la edad de los 50's se debe perfeccionar dicha capacidad y formar a sus sucesores.

Pero no es que no haya manera para evitar este decaimiento de vigor desde los 40. La clave es conservar siempre el "hambre" en el interior y estar dipuesto a esforzarse tres veces más que los demás. Y lo que se puede hacer es tratar de producir constantemente la magnanimidad, la capacidad de leer las cosas y una fuerza mental llena de ánimo. De esta manera no serán vencidos por la gente de la misma generación ni por los jóvenes.

Ahora, me preguntarán ¿por qué se debe mantener el "hambre" a mediana edad? La respuesta es que con ella puede perseverar aprovechándola como fuente de energía. He argumentado que es mejor que los jóvenes no sean completamente complacidos. La razón es totalmente la misma que en este caso. El hombre que ha tenido de todo desde joven no puede desarrollar su capacidad humana. En cambio, el hombre que siempre ha sufrido demasiada "hambre" aún pasando de los 40 o los 50 podría tener

contrariamente un carácter anormal. Pero, de cualquier forma, es importante crear consientemente ese espíritu de hambre en alguna parte de nuestro interior teniendo algún deseo y disciplina. Pienso que lo mejor es estar algo "hambriento" sexualmente, sin expeler demasiado el semen. Porque el control del libido ayuda a constituir la fuerza mental, el vigor, la vitalidad y la fuerza de concentración, los cuales son la fuente de la fuerza espiritual. Por eso, aquellas personas que tratan de alcanzar un objetivo haciendo esfuerzos, permanecen jóvenes y pueden crecer más.

Yo les recomendaría que intenten hacer algo nuevo a las personas que dicen: "¿Hambre a mi edad?". Por ejemplo, hubo un señor llamado Tadataka Ino (1745-1818) quien se retiró de la vida activa a los 41 años y se hizo discípulo de un astrónomo a los 51 años. Finalmente elaboró un mapa preciso de Japón de acuerdo con las medidas reales. Al haber empezado a aprender a la edad de los 50, pasando mucho más de los 40, logró realizar un buen trabajo que dejó su nombre en la historia. Es realmente admirable.

Prepárense para la vida posterior

Ahora bien, cuando alcanzan la edad de la jubilación, después de haber trabajado con ahínco, empiecen a prepararse para ir al Mundo Espiritual. Casi estoy escuchando que me dicen: "¡No diga semejantes cosas tan siniestras!", pero honestamente considero que tanto hombres como mujeres deben pensar seriamente en el Mundo Espiritual una vez que pasen de los 60 años. Porque cuando uno alcanza los 61 años, casi se determina su rango en el Mundo Espiritual.

En el Oriente, 60 años se consideran como un ciclo de vida completo, puesto que el "kanreki" o los 61 años de edad, representan el cumplimiento de un ciclo de diez signos del calendario y doce signos zodiacales, por lo que todas las cosas parten de nuevo desde este punto. Y esto no es una coincidencia casual con lo anterior. El Mundo Divino preguntará a la persona en cuestión si ha hecho los deberes humanos a sus 60 años. Esto es algo comparable con una tesis de graduación universitaria.

Se realiza un examen estricto calificando como positivo el bien y como negativo el mal, con el que se le hizo hacer infeliz al ajeno, durante 60 años de su vida, y de acuerdo con el resultado, se decide el rango en el Mundo Espiritual. Pero el mencionado mundo es tan misericordioso que, si se reconoce que se aprovechó la vida para elevar el nivel espiritual después de los 60 años, naturalmene se tendrá derecho a un nuevo examen.

Si su fortuna hubiera sido hecha con toda maldad, se le debería devolver inmediatamente al propietario anterior. Y si hubiera peligro de surgir problemas de bienes entre los herederos, usted y su esposa pueden quedarse sólo con lo suficiente para vivir y donar el resto a alguna institución benéfica. Si usted se fuera al Mundo Espiritual dejando una enorme cantidad de herencia, no podría dedicarse seriamente al entrenamiento espiritual, preocupándose por la fortuna legada.

Es bueno viajar por su propio enriquecimiento

Algunas personas pensarán: "No tengo fortuna como para heredar, pero ya cumplí 61 años. ¿No habrá algún método para elevar económica y rápidamente el nivel espiritual?"

La verdad es que no se puede elevar dicho nivel con ningún método, sino la cuestión consiste en la disposición de su alma, la virtud de haber hecho feliz a la gente y el grado del conocimiento de la profunda conciencia de sí mismo. De todos modos, nada empezaría si no se enriquece su propio corazón. Yo recomendaría viajar como una manera de florecimiento de su existencia.

Sería bueno viajar tranquilamente con su esposa, por ejemplo, a las aguas termales. En cuanto al destino, sería ideal si se tratara de un sitio de maravilloso paisaje y de excelente gastronomía. Si se tomara en cuenta la buena dirección afortunada, se tendrían que orientar al rumbo de la suerte, pero no es necesario preocuparse mucho por eso.

Disfruten del bello paisaje, saboreen las ricas comidas y métanse en las aguas termales para que su cuerpo se caliente hasta el fondo. Es importante buscar refrescarse tanto mental como físicamente y divertirse a su gusto. Después de haber dado una gira por las aguas termales de Japón, es tiempo para empezar a viajar al extranjero. Visiten lugares desconocidos y prueben las comidas exóticas. Al descubrir la sensibilidad y el sentimiento, se cultiva la vitalidad del alma.

Cuando uno envejece, todo se queda estancado en la vida cotidiana y se pierde la emoción tanto mental como física, ya que se pierde la frescura. Esto puede compararse con el agua echada a perder al haberse estancado en un lugar. Lo mismo pasa con el ser humano. Si se lleva una vida demasiado monótona, su interior se pudre. En este y otros sentidos, después de haber pasado el "kanreiki", traten de viajar positivamente. He observado que, especialmente las parejas del Occidente disfrutan del viaje al extranjero.

Ahora, quisiera presentar un caso real de una persona que vino a consultarme.

Era una fina anciana de 70 años. Decía ejercer la fábrica y venta de "sake" (vino japonés hecho de arroz) en la prefectura de Chiba (cerca de Tokio). Se suponía que ya se había retirado de la vida activa, pero tenía una preocupación. Había fracasado en la elaboración del "sake" por tres años seguidos y se inquietaba por su hijo, quien había heredado la fábrica y la tienda.

Esa anciana se preocupaba demasiado por la producción del "sake". Y me preguntó: "¿Cómo irá la fabricación de 'sake' para este año? ¿Qué pasará con mi hijo?" Entendía bien su preocupación, pero su hijo ya tenía 50 años y era presidente de la compañía. No era la edad adecuada para que su madre se impacientara.

Por eso traté de ver la situación a través de los ojos espirituales y pude captar la figura de esa anciana en el Mundo Espiritual, donde los habitantes se preocupaban constantemente por otras personas. Y por sorprendente que fuera, era el Mundo Infernal. Pero, a la vez, era donde los espíritus sufrían menos. Ellos tenían que vivir ahí por lo menos 300 años. Me atreví a decirle a la anciana a qué Mundo Espiritual se iría si se hubiera muerto en ese entonces. Se notó que se había sentido un poco herida y desalentada cuando dijo: "Ah, sí, es lo que me imaginaba".

"No se preocupe demasiado. Encargue todo lo del negocio a su hijo, por favor. Yo le recomiendo que use más dinero para elevar su espiritualidad y enriquecerse a usted misma. Ya tiene 70 años y debería cuidarse más".

Le sería más conveniente viajar a las aguas termales de Japón en la vejez, recibiendo algún dinero disponible después de haber arreglado el asunto de los impuestos de herencia, que irse al Mundo Infernal de Preocupación. Porque su hijo podrá estar mucho más tranquilo al observar a su madre alegre, animada y complacida.

A propósito, el nivel superior del Mundo Infernal es muy similar al atardecer de nuestro mundo a media luz. No es luminoso. El color del sentimiento de los habitantes del Mundo Infernal se refleja en el color del mismo mundo y no es el lugar donde uno quiera estar mucho tiempo.

Lo que se experimenta en el Mundo Real se puede experimentar en el Mundo Espiritual. Si vieron algo hermoso en esta vida, lo verán en el Mundo Espiritual también. Asimismo, podrán recordar claramente el sabor de la rica comida que disfrutó durante la vida. Claro que todo esto se refiere al Mundo Espiritual de nivel mediano para arriba.

Por último, por favor, no olviden que el mérito intangible que se dejó en este mundo y la manera de percibir las cosas, determinan el Mundo Espiritual a donde se irán después de la muerte. Por eso, pasando del "kanreki", tengan días realizados para enfrentar positivamente la muerte en lugar de temerla.

Capítulo 2

Lograr la fortuna monetaria a través del poder divino

Dioses de la fortuna monetaria

El principio de Shin, Soe y Hikae

Todas las cosas tienen una causa fundamental. Si se quiere recibir el poder del Mundo Divino para obtener la fortuna monetaria con base en los esfuerzos correctos, es necesario saber con cuál proceso es concedida dicha fortuna por Dios. Esto es importante.

La misma regla rige la sociedad humana también. Supongamos que cuando usted regresa a casa encuentra un regalo de deliciosas frutas sobre la mesa. Naturalmente usted le preguntaría a su familia: "¿De qué se trata?" Si le contestan: "El señor A te lo trajo por el favor que le hiciste", usted diría: "Ah, con razón" y las disfrutará recordando la cara del señor A.

Lo mismo sucede con la fortuna monetaria. Aunque se le concediera la fortuna sólo pidiéndole a Dios: "Por favor, por favor", usted no podría mostrar su verdadero agradecimiento desde el corazón ni dar las gracias cordialmente si las comiera sin saber por qué le fueron regaladas. Si fuera así, el Mundo Divino sería indiferente a sus nuevas peticiones de ayuda. Es por eso que quisiera que conocieran el principio de recibir la fortuna monetaria.

El Shin, Soe y Hikae o el "balance complementario" es la pauta básica. Estos términos Shin, Soe y Hikae vienen del arte del arreglo floral y se refiere a la situación en que unas flores se colocan al otro lado de las principales y subsidiarias, para lograr el equilibrio. Así, se puede mantener una excelente armonía entre ellas. Se podría decir que ésta es la forma básica para sentir la armonía. Ahora, compararé este modelo de la belleza con el mecanismo del Mundo Divino que atrae la fortuna monetaria para usted.

Primero, vamos con el Shin, el cual es presidido por Amaterasu-omikami (Diosa del Sol). Es del Mundo Divino del Sol, y toda la bendición se origina de aquí. Hay otras deidades mayores como Ame-no-mi-naka-nushi-no-okami ("Señor-del-Augusto-Centro-del-Cielo), Hokuto-no-Kami ("Dios de la Osa Mayor"), Kuni-toko-tachi-no-mikoto ("Deidad-Terrenal-Eterno-de-Pie"), Susa-no-o-no-mikoto (Su-Veloz-Impetuoso-Varón-Majestuosidad, hermano menor de Amaterasu-omikami), Dainichi Nyorai y Jehová. Todos ellos existen verdaderamente, aunque por lo menos para Japón, Amaterasu-omikami es la Diosa que da la bendición en forma concreta. Ella es, por decirlo así, la "presidenta" en el Mundo Divino.

Y en el rango de directores, se encuentran eminentes deidades como Susa-no-o-no-mikoto, O-kuni-nushi-no-mikoto, Usa Hachiman, Kashiima, Katori, Sumiyoshi, etcétera. Según su función y carácter personal, la posición está asignada como director responsable para proyectos o ventas, y por supuesto que tienen poder de decisión en su área. Las deidades que están en contacto directo con los seres humanos son dioses tutelares de la localidad. Y los dioses creadores Izanagui e Izanami, fueron quienes dieron vida a las islas japonesas y pueden ser considerados como fundadores de la compañía llamada Japón, por decirlo así. Ellos ya la heredaron a sus queridos hijos, cediendo su representación y se retiraron de la vida activa.

Esta representación no es sino el poder divino supremo que deriba de ☉ "Su", Dios absoluto de la creación, del cosmos y de diversas dimensiones.

La Diosa del Sol como presidenta de "Japan Inc."

Cuando el Mundo Divino estableció el equivalente del conglomerado de capital extranjero, dio la autoridad divina de este sector a Jehová o Yahvé. Él se convirtió en Dios para los europeos. Pero nosotros los japoneses no somos "empleados" de una compañía de producción creativa manejada por Ame-no-minaka-nushino-okami ni de la constructora Kuni-no-toko-tachi. Y mucho menos somos personal de la casa matriz de tiendas de conveniencia, en cadena con inversión foránea o del Templo Inari. Mientras vivamos aquí en Japón, somos empleados permanentes del "Japan Inc.", que representa y engloba a los dioses de todas las funciones.

Por eso debemos respetar a la Diosa del Sol Amaterasu-omikami, presidenta de "Japan, Inc.", como centro de nuestras actividades. En comparación con otras deidades Ella está dotada de un mayor grado de virtudes de moderación, perfección armoniosa y de autorrealización, y es la diosa que nos concede los beneficios de la "voluntad", la "alegría" y de la "extensión del desarrollo creativo". Además, ella es la presidenta del pueblo japonés también. Por lo tanto, la naturaleza de la compañía (es decir, el carácter del pueblo japonés) es alegre, altamente creativo y lleno de voluntad.

A simple vista, la cultura japonesa parece ser femenina. Pero como es indicado en el antiguo cuento de *Kojiki*, que relata cómo cinco deidades masculinas aparecieron súbitamente del collar conocido como Iotsumisumaru, el Yamato damashii o espíritu japonés, contiene la valentía y la intrepidez.

En el Mundo Divino, sutil y profundo, existe otro dios primario, pero para nosotros los japoneses sería difícil realizar la fortuna monetaria y prosperidad en el Mundo Material, si no respetamos a Amaterasu-omikami como Dios Supremo. Aún con dragones, duendes "tengu", zorros Inari y serpientes blancas, se podría obtener la fortuna monetaria, pero habría muchos problemas. Si se piensa en la felicidad después de la muerte y la influencia a los descendientes, se deberá buscar la fortuna correcta concedida por el Mundo Divino. Bueno, volveremos al tema. Pero de todos modos, así habrán entendido por qué debemos considerar a la Diosa del Sol como la principal.

Ahora, veamos el Soe. Este papel es el desempeñado por los dioses tutelares. Son los que controlan el Mundo Espiritual de la localidad. Como expliqué detalladamente sus funciones en mis obras, *Suerte y Espíritu Guardián en Romance*, ellos nos cuidan en ocasiones importantes como nacimiento, casamiento y hasta guiarnos al Mundo

Espiritual. Asimismo, están enraizados en la sociedad local y la vida diaria, por lo que tienen mucho que ver con la fortuna monetaria.

Podemos pensar que estos dioses locales reciben el poder y la orden de la Diosa del Sol y los distribuyen a la gente de la comunidad, siendo puntos de contacto directo. La característica de la fortuna monetaria que proporcionan dichos dioses es concreta, y se aporta a través de la corriente del progreso integral. Con ella se podrá desarrollar el nego- cio, mantener las excelentes manos de obra, incrementar el número de buenos clientes, tener la idea para nuevos productos, y así sucesivamente. Ya sea a nivel individual o empresarial, todo es guiado integralmente por los dioses locales, todo empieza a moverse hacia la dirección positiva y todo conduce a la riqueza dando fruto. Esta es la fortuna monetaria más correcta.

A propósito, hay quienes piensan que no se les presenta la fortuna por nada aunque busquen ayuda en Amaterasu-omikami, en el Templo de Ise, y que la manera más segura e inmediata para lograrla es hacer invocación en el Templo de Zorro Inari. Quizá, es la conclusión que hayan sacado de acuerdo con sus experiencias personales, pero honestamente les faltan más experiencias, puesto que efectivamente los zorros Inari les traen la fortuna monetaria respondiendo a su deseo, pero sus efectos perniciosos son grandes. Para mayor explicación al respecto, se puede consultar mi obra *Poder Divino*.

Dioses tutelares con efecto inmediato

El beneficio que Amaterasu-omikami de Ise concede, es el de cambiar la dirección del camino de la felicidad y la fortuna. Por ejemplo, Konosuke Matsushita, conocido como el "dios de la administración empresarial", quien se iba a dirigir a la industria naval, pudo cambiar su destino a la electrodoméstica, y en esta área hizo una gran fortuna, siendo favorecido constantemente por la fortuna monetaria. En cambio, el beneficio dado por los dioses tutelares, es algo como asegurar un crecimiento anual del diez por ciento con incremento de las ventas mensuales, así como el mejoramiento de resultados en otras actividades.

Además, el patrón típico para que aparezcan resultados de la veneración en Ise lo más pronto posible, es entre 3 y 6 meses, y 3 años en casos tardados. Generalmente, tanto más grande es la visión de dios, cuanto más tiempo se necesita para la preparación del favor divino.

Por otro lado, el beneficio de las deidades tutelares, quienes actúan teniendo un estrecho contacto con nuestra vida diaria, se manifiesta de la siguiente manera. El caso que llega a surtir efecto más pronto sería el mismo día en que se pidió la ayuda, y se obtendrían resultados en un lapso de medio año en el caso más tardado. Naturalmente, en ambos casos, si se continúa pidiendo ayuda a dios presentándose en el Templo, se espera un efecto más firme y rápido.

Como hemos visto, cuanto más importante sea el dios, más tiempo tarda en aparecer su beneficio, y mientras menos importante sea la deidad, menos tiempo se requiere en lo mismo. Por no conocer esta regla fundamental del Mundo Divino algunas personas piensan que es más efectivo orar en el Templo Inari. Espero que con esto hayan entendido el concepto del "Shin" y el "Soe", así como la relación entre éstos.

Por último, vamos a considerar sobre el Hikae, el cual se compara con las deidades que están aguardando para cuando llegue la fortuna monetaria. Se refiere precisamente a los tres dioses de la fortuna monetaria, de los cuales explicaré en adelante. Ellas se ponen en acción por petición de Amaterasu-omikami, así como compensan y refuerzan lo que no pudieron cubrir las deidades tutelares, de tal manera que el deseo depositado por la persona se cumpla.

Estos dioses particulares ocupan las dimensiones del Mundo Divino más cercanas al Mundo Material, donde nosotros los seres humanos vivimos, y se encuentran en el mismo nivel que el Mundo Budista llamado "gongen" (que significa aparecer provisionalmente), que está próximo al Mundo Material. Son deidades muy bienvenidas, cuya función especial es suplir la falta cuando el mecanismo del Shin y Soe demuestra deficiencia, por ejemplo, cuando llega a faltar dinero por la misma razón, estas deidades le proporcionan a tiempo la cantidad necesaria, de alguna manera para finales de mes.

Estos dioses siempre desempeñan un papel complementario, por lo que el tipo de fortuna monetaria concedida principalmente por estas deidades no sería ortodoxo. Ya que, haciéndose al revés en lo principal y lo secundario, tiende a prevalecer la codicia. Es decir, si el Shin y Soe se toman como "ofensa" de la fortuna, el Hikae equivale a "defensa". Ésta se toma como lo secundario en relación con la ofensa, que es lo principal. Ésta es la forma cómo debe ser.

Al respecto, me permito presentales mi experiencia. Cuando inicié mi compañía por primera vez, casi todos los meses tenía dificultades financieras. Lo que recuerdo vivamente aún ahora, es que me faltaban 5 millones de yenes para un pago hacia el fin de mes y sólo me quedaban tres días. No sabía qué hacer. Hice todo lo posible para reunir el dinero, pero no había ninguna esperanza. Pensé: "¿Por qué no se junta el dinero a pesar de haber continuado esforzándome tan seriamente? ¡Qué cruel es el mundo!", y supliqué: "Si existen dioses y Buda, por favor, concédanme dinero en estos tres días antes de terminar el mes. No les estoy pidiendo con codicia. Tengo la responsabilidad de mantener a mis empleados. Siento la obligación ante mis clientes y no debo perder la confianza que ellos me han depositado. De verdad, es una manera de amar. Con toda mi sinceridad. Por favor, escuchen mi petición".

Así rogué desesperadamente a millones de dioses de Japón y al Todopoderoso ⊙ Su. Pero... sólo ahora puedo confesar que nunca me había decepcionado tanto del Dios Creador del Universo, ⊙ Su, como en esa ocasión. Por más grande que sea el plan divino y más benévolo su amor, si no conseguía 5 millones de yenes en los próximos tres días, no servía de nada y todo se echaría a perder.

Fue entonces cuando yo supe por primera vez que no siempre eran mejores los altos dioses dimensionales. Me convencí de que existían dioses de acuerdo con sus funciones y ⊙ Su, no prestaba la mano a todos los asuntos. Aunque Él sabe de todo, asigna el trabajo práctico a los dioses correspondientes. Esta es la regla del Mundo Divino.

Esta situación es parecida a lo que ocurre en el mundo de los negocios donde un jefe competente da trabajo a sus subordinados según su capacidad, y trata de hacerles revelar suficientemente su poder. Un jefe que hace de todo invadiendo lo que corresponde a sus subordinados, no merece respeto.

Tres poderosos aliados

Bueno, volvamos a lo que íbamos. Yo tenía problemas en el flujo de fondos. Como ☉ Su no accedía a mi petición, tuve que buscar otro dios responsable. Haciendo súplicas con desesperación traté de investigar quién era el dios del mundo virtuoso que me facilitaría 5 millones de yenes en esos tres días. Finalmente encontré a Sampo Kojin, Dios de la Cocina. En ese momento escuché la voz imponente de la Diosa del Sol: "Venera a Sampo Kojin".

Esto fue el primer encuentro con una deidad venerable, quien era "medicina muy eficaz" para reunir rápidamente el dinero para el fin de mes. La Diosa del Sol y Sampo Kojin me enseñaron personalmente cómo venerarlo, lo cual no es muy conocido, e hice todo tal y como me indicaron. Al siguiente día, por sorprendente que sea, recibí 5.3 millones de yenes. No fue sino un milagro. Fue verdad lo que había dicho el sabio Confucio: "El cielo es justo y misericordioso".

En ese entonces, yo estaba a punto de ahogarme con las deudas: con el banco, con mis amigos y parientes, y con las familias de mis colegas de actividades espirituales. Por eso pedí ayuda a los dioses estando precisamente entre la espada y la pared. Justo entonces recibí una llamada de un cliente, quien me dijo: "Disculpe, porque siempre les exigimos cosas imposibles. Ahora conseguí el consentimiento de mi jefe para reembolsarles en quince días, la ganancia por la venta temporal a precios rebajados. Se lo pagaremos mañana sin esperar la fecha límite".

Pero no es que el dinero me haya caído gratuitamente del cielo. La verdad es que un empleado de mi compañía, a sabiendas de que era muy difícil, había pedido al cliente que adelantara el pago. Es decir, el ingreso de 5.3 millones de yenes se hizo posible a consecuencia de la actuación de Sampo Kojin con los esfuerzos humanos. Esta es la manera cómo trabaja Sampo Kojin, experto en defensa.

Después, a través de mi cuidadosa investigación en las varias dimensiones espirituales y Mundo Budista, descubrí que Zao Gongen era la deidad responsable de ventas, y Sanmen Daikokuten era el encargado de la expansión de las mismas. La Diosa del Sol me concedió el permiso y me enseñó cómo realizar correctamente los rituales, por lo que instalé las imágenes de estos dioses en mi propio altar.

Estos tres dioses, Sampo Kojin, Zao Gongen y Sanmen Daikokuten, son los verdaderos dioses de la fortuna monetaria en el Mundo Divino y no nos causan absolutamente ningún perjuicio. Además, son los Budas "hechos en Japón" por quienes nos es concedido un excelente poder espiritual.

Gracias a las funciones conjuntas de Shin, Soe y Hikae, la empresa que manejo actualmente, expandió rápidamente su red de ventas, aumentó espectacularmente las mismas, logró el mejoramiento en la tasa de beneficios y liquidó todas las deudas. Ahora nuestra preocupación es cómo reducir los impuestos para el fin del año fiscal.

El hecho de que hemos podido poner el trabajo en marcha y llegar a dedicarnos a las actividades espirituales, se debe precisamente al período largo y penoso de aquél entonces.

Para ser más específico, es bueno aprovechar el Shin y Soe para sacar el negocio adelante a principios del mes, y Hikae para concluir las cuentas a finales del mismo. En caso de empresas grandes, hay ocasiones en que es mejor contar con otros dioses, pero para los individuos y las compañías medianas y pequeñas, ésta es la manera más adecuada. Hasta aquí he explicado los aspectos fundamentales de la virtuosa fortuna monetaria del Mundo Divino. Una vez que se logra la suerte económica, cumpliéndose la fortuna monetaria, se deberá agradecer desde el fondo del corazón, no sólo a los espíritus guardianes, sino también a los dioses de Shin, Soe y Hikae.

Tres factores requeridos para resultados reales

En cualquier época ha sido una tarea difícil manejar bien los negocios y aumentar constantemente los beneficios. Puesto que hay muchos rivales, y además, siempre se tiene que tratar con clientes, quienes pueden irse en cualquier momento con otros competidores. La mayoría de los hombres de negocios y empresarios adoran a los dioses y a Buda de alguna forma, quizá porque ellos tienen que desarrollar sus actividades en medio de tales factores inseguros. Aunque no sean tan devotos como para venerarlos, son frecuentemente supersticiosos. Ahora entiendo muy bien por qué se consagra un pequeño santuario en la azotea del edificio, en la oficina o se coloca un altar en la sala del presidente de la compañía.

Pues así, los hombres de negocios depositan su deseo en los dioses, pero no simplemente bajan la cabeza ante ellos. En todo caso deben cumplir satisfactoriamente con sus deberes de presidente o de ser humano. Sólo después, pueden gozar de protección divina a consecuencia de los esfuerzos hechos con un corazón puro y sinceridad hacia los dioses y Buda.

"Sagrados dioses y Buda, por favor, permitan que mi negocio prospere" Sería inútil si rezaran simplemente así,

92 CÓMO LOGRAR UNA GRAN FORTUNA Y EL ÉXITO

olvidando todo lo anterior. Tal petición podría funcionar con los espíritus de bajo nivel o zorro Inari, pero los dioses del Mundo Espiritual Virtuoso no se convencerían.

Para hacer un buen negocio desde lo esencial, —aparte de los problemas varios como son los asuntos laborales, abastecimiento de los materiales, etcétera— es necesario cumplir con los siguientes tres puntos:

1. Aumentar las ventas. (Hacer esfuerzos por desarrollar nuevos productos y obtener nuevos clientes)
2. Asegurar un beneficio neto y reducir los gastos. (Eliminar lo innecesario e incrementar racionalmente el porcentaje de beneficios.)
3. Realizar con seguridad la cobranza. (Manejar bien el flujo de fondos.)

Ahora, muchos de los empresarios dirán: "Estas cosas son muy obvias". Pero, al observar a las entidades o compañías que difícilmente pueden aumentar su utilidad, me di cuenta de que invariablemente les faltaba satisfacer alguno(s) de estos tres elementos. Los hombres de negocios conocidos por su capacidad de reestablecer la compañía son fieles con estos tres puntos clave. Y a decir verdad, lo común es que la mayoría de los empresarios tengan problemas en estos tres aspectos.

En el primer caso, hay compañías cuyas ventas crecen vigorosamente, pero gastan dinero en cosas superfluas, tienen mucha cantidad por cobrar y no pueden efectuar la cobranza dentro de la fecha límite. Así las cosas, aunque los libros de cuentas de la compañía vayan en superávit, pueden caer en "quiebra con números negros". Ésta puede ocurrir a causa del mal flujo de fondos.

Contrariamente, en el caso del segundo punto, si no hay ventas esenciales por más que se reduzcan los gastos, sufrirían igualmente la boncarrota.

El tercer enfoque es el flujo de fondos y éste es un punto difícil. Los que hayan tenido experiencia en manejar una compañía lo entederán. Cuando el pago por mercancías se realiza en efectivo, es relativamente cómodo, pero el peor caso es cuando la entrega de mercadería se efectúa previamente y el pago es después, con cheque a largo plazo. Asimismo, cuando el pago por el servicio es dos o tres semanas después, no se permite tener optimismo, puesto que los gastos se tienen que hacer cada mes en efectivo, y no hay tranquilidad hasta que se recibe el dinero en la mano. El cliente puede caer en bancarrota en cualquier momento, y en tal caso el cheque emitido por él queda sin fondos, generando un crédito incobrable. No es raro encontrar compañías que parecen buenas en sus libros de cuentas, pero no tienen dinero en la caja.

Hasta aquí he explicado los tres puntos importantes en el negocio, los cuales pueden aplicarse a nivel individual. El aumento de las ventas equivale al incremento en la cantidad de trabajo, y desde el punto de vista de un asalariado, al mejoramiento de sueldo. Y la reducción de gastos se compara con el precepto al lujo de la vida diaria. Asimismo, el flujo de fondos sería el manejo de la economía familiar. Este concepto es lo más importante tanto en las compañías como en los hogares. Si se entra en detalles, se puede especificar, por ejemplo, que debemos tomar algunas medidas para no pagar demasiados impuestos, manejar eficazmente los fondos, abstenernos de invertir el valioso ahorro en dudosas acciones o en alguna especulación futura, tener en cuenta suficientemente los impuestos en caso de herencia, entre otros.

Zao Gongen, deidad de la inteligencia

Ahora bien, para incrementar las ventas, se requiere de una aguda inteligencia y una firme determinación. Para analizar con precisión el mercado, estudiar el comportamiento de las ventas y desarrollar productos exitosos que dejen sorprendidos a sus competidores, se necesitan originalidad, genialidad y sagacidad. Cuando nadie tiene productos exitosos, la compañía que cuenta con ventaja en las ventas, gana terreno a otras y aquí también se necesita la inteligencia.

Zao Gongen es la deidad que preside tal sabiduría práctica del Mundo Material. Por eso es recomendable pedir ayuda a él como se sugiere a continuación:

"Zao Gongen, tú que posees toda la sagacidad del mundo terrenal, por favor, concédeme la inteligencia para poder incrementar rápidamente las ventas. Desde luego que voy a esforzarme con ahínco. Por favor, ten en consideración mis esfuerzos y confiéreme genialidad y sabiduría profundas. Te lo suplico".

Cabe advertir que no se debe tener de ninguna manera la idea de hacer dinero sólo para sí mismo, sin importar los demás. A la vez que se pide el beneficio para sí, debe hacerse para otros también.

Pues bien, la inteligencia de Zao Gongen es sobresaliente en el Mundo Material, y además posee la fuerza de poder llevar a cabo el primer propósito que uno establece, aún haciendo a un lado sus obtáculos. Es una deidad "hecha en Japón" que hizo su aparición en el monte Omine cuando el monje Enno Ozunu, fundador del régimen "shuguendo" del Budismo esotérico, estaba practicando ahí las austeridades.

CÓMO LOGRAR UNA GRAN FORTUNA Y EL ÉXITO

ZAOH GONGEN
蔵王権現

Si usted tiene un asunto importante mañana y necesita convencer al cliente con inteligencia, asegúrese de pedir ayuda a Zao Gongen antes de ir a negociar.

Sampo Kojin

La siguiente deidad que vamos a ver es "Sampo Kojin" Él maneja el punto dos que fue mencionado anteriormente y nos aporta beneficios disminuyendo los gastos. "Sampo Kojin" es honrado en las cocinas de los hogares comunes.

Sampo Kojin apareció también cuando Enno Ozunu fue sometido a sus arduas devociones en el monte Omine. Su encuentro sucedió de la siguiente manera: Un día, cuando Enno Ozunu estaba realizando su entrenamiento espiritual, ocurrió repentinamente un gran terremoto, y se dio cuenta de que se veían la luz y las nubes con un extraño color morado en dirección nordeste. Él se aproximó hacia ellas y encontró a Sampo Kojin, quien le dijo lo siguiente:

"Soy el dios de las nueve montañas y nueve ríos en esta área, quien salva a aquéllos que hacen esfuerzos con asiduidad".

En otras palabras, el dios estaba diciendo a Enno Ozunu que aparte de conceder la buena fortuna monetaria, él, Sampo Kojin, respondía seguramente a los esfuerzos hechos con ahínco. Al calificarlo en términos mundanos, es el dios que siempre cumple con sus obligaciones. Por eso, aunque su familia no disfrute del bienestar o la riqueza a causa de la influencia del karma de los antepasados, si continúan perseverando y recurriendo a Sampo Kojin, sus esfuerzos nunca serán infructuosos.

98 CÓMO LOGRAR UNA GRAN FORTUNA Y EL ÉXITO

SAN POU KOUJIN
三宝荒神

Originalmente, Sampo Kojin es la manifestación de Kunitoko-daichi-no-mikoto, quien es la fuente de la fuerza en la tierra. Sampo Kojin posee gentileza a pesar de su rudo exterior. Si usted es empresario, él mostrará su poder cuando se vea obligado a reducir rigurosamente los gastos, eliminando una administración floja, o en casos similares. Sampo Kojin también tiene la función de proteger firmemente la economía familiar encontrándose en la cocina. Si se le adora correctamente, mejorará la suerte del presupuesto del hogar. Es recomendable venerarlo donde haya fuego y agua. Porque una de las lecturas en japonés para el caracter chino "fuego" es "ka", y asimismo la lectura para el caracter "agua" es "mi". Juntos se lee "kami" que significa dios. Cuando hay estos dos elementos Sampo Kojin puede mostrar mejor su poder. Más adelante, explicaré cómo venerarlo debidamente.

Hace tiempo cuando Kukai realizaba un severo entrenamiento religioso y rezaba a los dioses y a Buda para establecer un centro espiritual en el monte Koya, las montañas de alrededor retumbaron, y apareció Sampo Kojin, quien severamente interrogó a Kukai. En esta ocasión, omito la descripción detallada de su situación, pero desde entonces, cuando Kukai tenía problemas en la administración de dicho centro religioso, siempre acudía a Sampo Kojin. Cuando conocí esta historia tuve una profunda emoción al pensar que la gente de antaño también sufría y se salvaba de igual manera que ahora. Recuerdo que sentí muy familiar a Kukai en ese momento.

Ahora bien, la cocina es uno de los lugares más importantes de la vida diaria en cualquier familia. Si le adoran a Sampo Kojin allí, él detendrá la escasez en la economía casera y traerá consigo la fortuna monetaria. Les recomiendo pedirle ayuda con sinceridad. Les garantizo que pueden esperar un beneficio milagroso y notable si lo hacen sin falta, por lo menos una vez al día, juntando las manos.

Y cuando le pidan un favor, es mejor que sea lo más concreto posible. Por ejemplo:

"Voy a negociar con el señor X a tal hora en tal fecha. Tengo que cerrar un trato con tal cantidad de yenes. Por favor, oriéntame de tal manera que el señor X se contente y yo también me sienta satisfecho".

Es la manera correcta de hacer la petición. En mi obra *Suerte*, también expliqué cómo se debe pedir ayuda a los espíritus guardianes. La situación es básicamente la misma que en el caso de Sampo Kojin. Cuanto más específica sea la petición, tanto más fácil será que Sampo Kojin actúe. Ya que es una deidad que está en la proximidad de la gente, al igual que los espíritus guardianes, y es un ser poderoso; y en algún sentido más amigable y poderoso que el personal de oficina de impuestos y contadores. Así es que recurran a él del modo debido.

Cabe mencionar que Sampo Kojin posee seis brazos, dos piernas y tres caras. Es un dios que puede desplegar una enérgica actividad como un ser "multitalentoso".

Sanmen Daikokuten

Como expliqué antes, la buena fortuna monetaria es algo que crece pasando de una persona a otra. El negocio no existiría sin clientes, y tener buenos contactos significa una buena oportunidad para hacer dinero. Ahora, el tercer dios que les presento aquí es Sanmen Daikokuten, quien atrae a individuos con buena fortuna monetaria y les hace encontrar milagrosamente con personas importantes. Si tienen

LOGRAR LA FORTUNA MONETARIA A TRAVÉS DEL... 101

SAN MEN DAI KOKUTEN
三面大黒天

algún negocio él invita a muchos clientes a su tienda u oficina. Es una deidad a la que debemos agradecer.

Sanmen Daikokuten apareció cuando Saicho, fundador de la escuela Tendai, estaba ofreciendo una ardiente oración en el monte Hiei. La función de esta deidad consistía en establecer contactos personales y reclutar a los hombres de talento, es decir reunir a la gente de calidad. Desde el punto de vista espiritual, el hecho de que muchos bonzos fueron atraídos al monte Hiei, y que el Templo Enryakuji prosperó, se debe exclusivamente a la actuación de Sanmen Daikokuten.

Incluso el Santo Nichiren, quien poseía un poder absoluto, debió mucho a Sanmen Daikokuten. Su detalle es el siguiente: Por más que Nichiren andaba enseñándole Sutra Loto a la gente, nadie le prestaba oídos ni le hacía caso.

"Ay, ¿por qué nadie escucha mi predicación? Ahora estamos en 'Mappo', era de declive y decadencia, y la gente nunca será salvada sino por Sutra Loto". Él anduvo sufriendo sin saber qué hacer. Entonces, Sanmen Daikokuten notó su sufrimiento y discretamente usó su poder espiritual para acercar a la gente alrededor de Nichiren, por medio de individuos comprensivos. Desde luego que Nichiren conocía bien la existencia y el poder espiritual real de Sanmen Daikokuten, los cuales habían sido mostrados por Saicho en el monte Hiei.

En pocas palabras, Sanmen Daikokuten nos trae a las personas influyentes en momentos decisivos. Nichiren también recurrió desesperadamente a Sanmen Daikokuten para hacer predicar el Sutra Loto.

Como hemos visto, la característica de Sanmen Daikokuten es que a través de su poder espiritual, reúne gente, una tras otra, haciendo una cadena humana creciente. Desde el punto de vista espiritual, Sanmen Daikokuten es la manifestación de Kanzenon Bosatsu o diosa de la misercordia. Además, "Sanmen" significa tres caras. Mientras que Daikokuten normal tiene solamente una cara, Sanmen Daikokuten posee tres caras, consecuentemente, tres veces más poder y actuación.

Daikokuten

A propósito, Daikokuten carga una bolsa grande sobre sus hombros. Su función es quitarle las calamidades a la gente y al mismo tiempo darle felicidad y prosperidad. Es como si estuviera desempeñando el papel de recogedor de basura y Papá Noel a la misma vez, además, siempre ofrece buena suerte en grandes cantidades.

Pero su trabajo no se limita sólo a esas actividades benéficas. Fíjense que en su mano derecha, él agarra firmemente un mazo. Aunque Daikokuten es afable y simpático, no da incondicionalmente buena fortuna a los perezosos. Y el mazo muestra su poder. Daikokuten golpea a los apáticos con él en la cabeza.

"Esfuérzate con más ahínco. La buena fortuna ya está a la vuelta de la esquina. Voy a golpear con este mazo a los flojos".

Sólo falta que se escuche la voz de Daikokuten. Por eso cuando se encuentren en una situación difícil o penosa, recuerden que él está cerca de ustedes y dispuesto a concederles una buena fortuna. De esta manera, podremos esforzarnos aún más.

Daikokuten puede ser comparado con un "daikoku bashira", o pilar principal más grueso de la casa tradicional de Japón. Ya que normalmente él permanece inmóvil, pero su actuación es dinámica. Es una deidad realmente digna de confianza. Para hacer fructificar más fácilmente su actuación, se recomienda ofrecerle agua y arroz. Agua, en otra palabra, "humedad", es identificada con la dirección norte y el signo zodiacal del ratón. Y el ratón tiene la misión de ser mensajero o acompañante de Daikokuten.

Como ustedes saben, el agua o humedad, puede fluir a cualquier lugar cambiando su forma. Es precisamente comparable con la actuación de Daikokuten, quien intenta ampliar el círculo de la buena fortuna a través de las personas. Por esta razón es bueno ofrecer agua a Daikokuten. A la vez, el arroz es el símbolo de cinco cereales y representa el progreso y la fertilidad.

Unifique los cuatro espíritus para la mejor fortuna

Como expliqué antes, espiritualmente el cuerpo humano posee un alma compuesta de cuatro distintos espíritus. Las tres deidades, Zao Gongen, Sampo Kojin y Sanmen Daikokuten, ejercen una fuerte influencia en cada uno de los mencionados espíritus.

Por ejemplo, Zao Gongen apoya la facultad de la inteligencia o Kushimitama. Su presencia es indispensable para la administración exitosa y la estrategia empresarial. También es una deidad que nos ayuda a aumentar vigorosamente las ventas y devolver las mercancías sobrantes.

Sampo Kojin ejerce una gran influencia en Aramitama, que cultiva el dinamismo, valor y paciencia. Su actuación puede reducir los gastos en la economía familiar, cuentas empresariales, etcétera. Es una deidad esencial para cuando tenemos que emprender algo con una actitud enérgica.

Además, él desplegará un sobresaliente poder al momento de negociar el incremento del precio.

Y nosotros tenemos el Sakimitama, espíritu de amor y felicidad, así como el Niguimita, espíritu de armonía. Para estos elementos, lo mejor es la vibración espiritual del regordete Sanmen Daikokuten. Con su risueña y alegre expresión, la prosperidad del negocio está asegurada. Él llama sucesivamente a los clientes.

Si los cuatro espíritus Kushimitama, Niguimitama, Aramitama y Sakimitama despliegan con plenitud su capacidad con la asistencia de las tres fuerzas divinas, surgirá un poder espiritual potente y se hará posible atraer la buena fortuna monetaria, tal como se desea.

Cabe mencionar que es preciso acudir a las tres deidades mencionadas todos los días, de manera concreta y cortés. Se podría pensar que son algo parecidos a las vitaminas. Aunque su dosis sea poca, su efecto es grande y lo importante es tomarlas diariamente sin falta.

¿Cómo aprovechar diez veces más el poder de las tres deidades?

Bueno, algunos de mis lectores que han leído hasta aquí estarán dudando: "¿Realmente existe Sampo Kojin, Sanmen Daikokuten o qué sé yo? Si se lograra la fortuna monetaria con tal petición a los dioses no estaríamos sufriendo tanto ahora. Las cosas no son tan fáciles en este mundo. La realidad está llena de severidad, penas y amargura".

Los que han fracasado varias veces y han experimentado desgracias podrán creerlo menos, pero todo lo que escribo aquí es verdad.

Las oportunidades para obtener la buena fortuna se les presentan a todos por igual. A veces tendrán que trabajar bastante para reunir fondos. En ese caso, la clave es cómo revelar su capacidad y poder espiritual.

Ahora existe un patrón de cómo se le escapa a la gente la fortuna monetaria. Es decir, aún cuando uno se encuentra con la oportunidad y debe mostrar toda su fuerza en el momento decisivo, se toma medio renunciando: "Siempre fracaso. De nacimiento no tengo suerte. Aunque me esfuerce, su resultado es limitado. Lo haré pero de tal modo que no me canse". Si es así antes de empezar, ya está medio retirándose de la jugada. Con esta actitud nunca podrá lograr la buena fortuna.

En otras palabras, si usted inventa una imagen negativa de usted mismo, se irá al reino espiritual del fracaso. Por más que desee tener la fortuna monetaria, el Mundo Espiritual no actuará si piensa de esta manera en la práctica, los dioses del Mundo Espiritual no podrán actuar para usted.

En cambio, aunque sufra de cuantas amarguras sea y viva en la mayor pobreza, usted deberá creer firmemente: "Seguramente voy a tener éxito. Mis esfuerzos quedarán pagados sin falta. Porque soy demasiado afortunado". Si sigue emitiendo ese "sonen", el Mundo Espiritual le responderá y su deseo se cumplirá.

El secreto para atraer la buena fortuna monetaria, es tomar el asunto como alimento para lograr el éxito, aunque viéndose objetivamente, se trate de un fracaso. Lo esencial es cambiar positivamente la actitud y manera de pensar. Y esto se logra más fácilmente si se venera habitualmente a los dioses y Buda.

En efecto, hay personas que llevan la vida diaria depositando su esperanza en los dioses y convencidas de que podrán llegar a ser como desean. Estos individuos ya están atrayendo el poder de la fortuna monetaria en el mundo del "sonen" y realmente gozan de la protección divina. Por lo tanto, es importante tener una fe firme cuando hacen alguna petición a las tres deidades antes referidas. En todos los casos, es un tabú juntar las manos ante los dioses y Buda medio en broma y medio en serio, no limitándose sólo a la petición por la fortuna monetaria. Dios no es tan mezquino como para castigarles porque le hayan rezado con imprudencia. Pero los malos espíritus aguzan los oídos a tal plegaria poco seria y pueden activarse. Por consecuencia, los imprudentes caerán en la infelicidad.

Para hacer valer plenamente el poder de las tres deidades de la fortuna monetaria, se debe tener una fe firme, orar diariamente, así como abrazar habitualmente el pensamiento positivo y convertirlo en realidad. De esta manera, el poder del espíritu se multiplicará, y además se gozará 10 veces más de la fuerza de las tres deidades de la buena fortuna. Lo mejor sería tener todas estas actividades como costumbre.

Con la protección divina no hay nada que temer

Los dioses son aliados firmes para la gente común como nosotros. Especialmente las tres deidades de la fortuna monetaria, siempre se encuentran cerca de nosotros y tienen una relación íntima con nuestra vida diaria. Por eso, ahora descartaremos la idea de recurrir a los dioses sólo en caso necesario y nos llevaremos con ellos con más familiaridad, como amigos que están con nosotros en cualquier ocasión.

Ahora, les presentaré cómo tratar bien a estas tres deidades.

Antes que nada, se debe adorar a Sanmen Daikokuten a principios del mes. Porque en ese período hay que reunir a mucha gente y ampliar la posibilidad de negocios de alguna manera u otra.

Luego, a mediados del mes, es bueno tener un contacto estrecho con Zao Gongen. Con él se utiliza la inteligencia para reunir fondos e incrementar las ventas.

Y a finales del mes, es cuando se tienen que realizar cálculos bastante estrictos efectuando pagos y haciendo cuentas. Asimismo, es el período en que se espera una intensa discusión con cobradores. Ahora es el momento en que hace su aparición Sampo Kojin, quien es la deidad del valor, la paciencia y la fuerza impetuosa. Con su apoyo podemos superar magníficamente la crisis de fin de mes.

Pensando de esta manera, nos damos cuenta de que estas deidades están arraigadas firmemente a la vida de la gente común, y muestran su carácter de contar con una íntima relación con el alma, compuesta de cuatro espíritus, de nosotros, los seres humanos.

Asimismo, si usted desea tener éxito y lograr una buena fortuna monetaria a través de las relaciones humanas, concentre su "sonen" en Sanmen Daikokuten. Si piensa que su carácter es demasiado blando y quiere ser un poco más rígido, tanto con usted mismo como con los demás, acuda a Sampo Kojin. Y si usted tiene la nececidad de hacer valer la inteligencia y desarrollar lógicamente las cosas, a Zao Gongen. Lo importante es tratar los asuntos de acuerdo con las circunstancias. No es necesario pensar de una manera demasiado rigurosa. Lo que acabo de decir es la forma de aplicar el concepto básico de Shin, Soe y Hikae. Les recomiendo que lo prueben. Lo importante es dominarlo y llegar a aprovecharlo a su disposición.

Siete divinidades de la buena suerte

Dioses del Japón antiguo fomentan nuestro crecimiento

Los nombres de las siete divinidades de la buena suerte son conocidos hasta por las chicas más modernas. Son: Bishamonten, Ebisu, Daikokuten, Fukurokuju, Jurojin, Benzaitennyo y Hoteiosho. Los orígenes de estas siete divinidades son diversos. Por ejemplo, Fukurokuju y Jurojin, vienen del taoísmo y se consideran también como espíritus del polo sur. Por otro lado, Benzaiten y Daikokuten, son de la secta esotérica del Budismo. Ebisu es un dios nativo de Japón, y goza de popularidad entre la gente común por su facultad de asegurar la buena pesca.

Y en cuanto a Bishamonten, es conocido también como Vaisravana, dios del tesoro o Tamonten, uno de los cuatro reyes del cielo. Asimismo, él es uno de los dioses militares del budismo, cuyo cargo es proteger la cocina (se extiende su sentido a la economía). La última divinidad de las siete, Hotei Osho, fue un sacerdote mendigante que existió hace tiempo en China.

Más adelante haré una explicación más detallada de cada uno de ellos. Pero habiendo tanta diversidad, es como si fuera crisol de las razas, o mejor dicho, de los dioses. Además, por sorprendente que sea, las divinidades de las diferentes nacionalidades y sectas están juntas, sonriendo a bordo de un "barco del tesoro". Si las ven los creyentes del monoteísmo, como el cristianismo o el judaísmo, han de asombrarse como para paralizarse.

Pero los japoneses somos admirablemente generosos con respecto a las religiones: acudimos a los templos sintoístas en año nuevo, nos convertimos en cristianos para las bodas y en Navidad, y asistimos a los funerales como budistas. Nuestra actitud parece ser: "Si hay un corazón sincero, es suficiente y no importa el estilo". Es realmente una actitud magnánima. Lo que constituye la firmeza moral de este pensamiento, es precisamente el espíritu del sintoísmo, antigua religión nativa de Japón.

Antaño, cuando el budismo fue introducido a Japón, hubo algo de polémica sobre si lo aceptarían o no, pero finalmente decidieron admitir la coexistencia del budismo y el sintoísmo. Posteriormente, hubo una época en que el cristianismo fue suprimido, y otra en que el budismo fue perseguido, pero después estas religiones se incorporaron a la vida diaria de los japoneses y en general, son aceptadas. En ese sentido, se podría decir que nosotros los japoneses somos un pueblo realmente excepcional.

El concepto de las siete divinidades de la buena suerte es propio de Japón y del sintoísmo. Pero es sumamente racional su forma de pensar, con la que se adoptan vigorosamente puntos buenos, y se tratan positiva y alegremente las cosas.

No obstante, desde el punto de vista del Mundo Divino, si la gente deposita la fe en ese mundo, no son tan importantes la nacionalidad, el color de la piel, la edad ni el sexo. Y esencialmente, no es posible que los dioses intercambien injurias entre ellos o se peleen.

Bueno, se me hizo un tanto larga la introducción, pero ahora sólo quisiera indicar que estas siete divinidades de la buena suerte, ya estaban en su lugar apropiado a mediados del período Muromachi (1338-1573), y mucha gente las adoraba juntando las manos. Al observar el hecho de que aún hoy en día estas deidades son apreciadas, se puede reconocer que son realmente capaces de conceder beneficios a sus devotos.

Bishamonten

Entre las siete divinidades, Bishamonten tiene una apariencia más severa. Su otro nombre es Tamonten, y es uno de los cuatro reyes del cielo. Además, es un dios militar encargado de la defensa de la dirección norte. Su color de piel es amarilla, igual que nosotros los japoneses, por lo que sentimos una simpatía particular con esta deidad.

Sin embargo, sería un error creer que Bishamonten ha sido desde siempre un ser virtuoso que ha salvado a la gente. Es totalmente lo contrario. En el Mundo Espiritual él se imponía como un fuerte espíritu de maldición, y en el Mundo Material hacía maldades de toda clase: pillaje, violación, asesinato, pelea, etcétera.

Pero un día, él encontró al señor Buda, Shakamuni y recibió sus sermones.

"Tu corazón no estará contento aunque odies y atormentes a los demás. La satisfacción no se logrará al ver la tristeza y las lágrimas de los demás, sino con caras rebosantes de alegría".

De esta manera, Bishamonten se arrepintió, y, dando un cambio, empezó a utilizar su poder como un dios virtuoso. Esta historia de transformación de malo en bueno, es la misma que la de Kishibojin, deidad guardián de niños. Dicho sea de paso, haré su explicación.

Kishibojin fue un ser demoníaco que mataba niños comiéndoselos. Esta diosa robaba al azar bebés y niños de los seres humanos. Al ver a las madres afligiéndose, sonreía con maldad.

Pero tal situación no podía durar tanto. Un día, Buda escondió al niño de la misma Kishibojin, ya que ella había acumulado demasiados actos malos y no mostraba actitud de arrepentimiento. Sólo uno de sus cerca de cien niños se había perdido, pero Kishibojin ya estaba turbada. Y empezó a llorar de tristeza, casi enloqueciéndo. En ese momento, ella fue amonestada por Buda y palpó la gravedad del pecado de haberse comido a los niños, así como la pena de sus madres. Luego se arrepintió y se convirtió en una diosa guardiana de los niños.

Tanto Bishamonten como Kishibojin se enmendaron después de haber experimentado una vez el mundo de la perversidad, y precisamente por eso, su poder es enorme. Además, conocen bien las mañas del mal y poseen una sobresaliente fuerza para vencer al mismo. Por eso, Bishamonten es una deidad que ataca dinámicamente el mal, en lugar de defenderse del mismo.

Sobre todo, como Bishamonten es un dios militar, su especialidad es dispersar el mal y promover el bien. Encontrándonos en la sociedad de hoy donde hay muchos rivales, es aconsejable recurrir al poder de Bishamonten. En el pasado, varios guerreros conocidos, incluso el jefe militar Kenshin Uesugui (1530-1578) y el famoso héroe realista Masashigue Kusunoki (1294-1336), fueron abriendo la época contando con el poder de Bishamonten (quien los protegió como deidad guardián). Ahora bien, Zao Gongen también es el dios de la estrategia inteligente y ataque, pero haciendo una comparación entre los dos, Bishamonten es del tipo que abre el camino con recursos de inteligencia, y Zao Gongen es el que posee la vitalidad de progresar, ampliando vigorosamente sus actividades. Cabe mencionar que existe un método ultraefectivo para acudir a Bishamonten, pero lo mencionaré en otra ocasión.

Ahora, desviándome un poco del tema, quisiera exponer la diferencia entre el poder budista representado por

Bishamonten y el sintoísta manifestado principalmente por Amateratsu-omikami.

En el budismo, se guarda estrictamente del mal, como se observa en la oración de Nichiren "Namu Myoho Renguekyo" (Gloria para el Sutra Loto de la Ley Suprema). Se siente tan fuerte la sensación, que casi se escucha una voz que dice: "Nunca seré vencido por el mal". Pues originalmente, Shakamuni había gozado de magnificencia y de lujo, pero desde esa posición, superando diversas tentaciones, llegó a participar del conocimiento de la verdad absoluta. Naturalmente, él fue resistente al mal desde su nacimiento.

A su vez, yo he evaluado hasta ahora numerosos espíritus guardianes y muchos de ellos han sido de la secta Nichiren del Budismo. Normalmente, los espíritus guardianes son antepasados de diez o más generaciones anteriores de una persona, pero no todos pueden llegar a adquirir esa calidad. Igual que en nuestra sociedad, donde pocos pueden pasar el examen como alto funcionario de gobierno nacional o diplomático, o bien de abogado, en el Mundo Espiritual, también se tiene que aprobar un examen bastante difícil para ser asignado al cargo de espíritu guardián.

Como ustedes se pueden imaginar, con el cargo de espíritu guardián, éste debe tener poder con el que pueda proteger a la persona. Para cumplir su función, debe entrenarse, a fin de vencer el mal desde que vive en este Mundo Material, y debe continuar ese entrenamiento después de la muerte también.

Cuando Nichiren alcanzó a esclarecer la verdad en la orilla de la bahía de Tokio, al ver salir el sol matutino, se le ocurrió pronunciar espontáneamente la oración "Namu Myoho Renguekyo". El poder que se reveló en ese momento fue exactamente el que necesitan los espíritus guardianes, Es un poder que nunca se vence, ni ante cualquier persecución.

Quisiera mencionar como referencia la participación de los espíritus guardianes en el Mundo Espiritual. Los que ocupan el primer lugar son absolutamente los bonzos de la secta Nichiren, seguidos por los de la Soto. Luego, siguen los samurai, los bonzo de la Shingon, los de la Tendai, los de Rinzai y los jefes de alta virtud del pueblo. Rara vez se encuentran los del cristianismo. Pero, parece ser que el tipo de poder que dirige vigorosamente a la gente, resistiendo al mal, son atributos del budismo.

Por otro lado, el sintoísmo está en la posición de "vivir la vida alegre y positivamente, con ardor y honestidad", sobrepasando el orden de lo extricto ante el mal. No persigue particularmente el mal con insistencia. Tampoco hace énfasis en pecados ni en castigos diciendo , por ejemplo: "El hombre es un ser pecador. Confiésese inmediatamente ante Dios". El sintoísmo da prioridad antes que nada a la alegría y actitud positiva.

Por eso, debemos admitir honestamente que el sintoísmo no tiene una defensa fuerte ante el mal en comparación con el budismo. Es uno de sus defectos. Pero igualmente debemos apreciar altamente su énfasis en ver alegre y positivamente hacia el futuro, ya que este poder es indispensable para expandir el bien.

Como expliqué en mi libro *Suerte*, el budismo representa el mundo espiritual de la luna, y el sintoísmo, el del sol. Ambos son manifestaciones de estos dos mundos en el mundo material. La luna luce por la noche e ilumina los aspectos malos de los seres humanos. Pero el sol luce con resplandor y ayuda a activar plantas y animales, ofreciéndoles la luz. Desde el punto de vista del sol, la noche representa la cara reversa de la tierra, o sea, la parte invisible. Pero el sol puede iluminar tenuemente la noche del globo terráqueo, a través de la luna con su luz reflejada.

Por lo tanto, pienso que lo mejor es vivir alegre y positivamente con el poder del sintoísmo, y eliminar el mal dentro y fuera de uno mismo con el poder del budismo. Esta combinación es ideal. Aquí se encuentra la razón por la que trato de unir estas dos religiones.

Benzaiten

La veneración a Benzaiten, como diosa que invita a la buena fortuna monetaria, está arraigada profundamente, aún ahora, entre la gente común del Japón. Debo admitir que su mirada es penetrante, ya que no es posible depositar la fe, de generación en generación, en la que no conceda beneficios.

Las tres imágenes de Benten más importantes para Japón están situadas en: Itsukushima, cerca de Hiroshima; Chikubushima, en el lago Biwa; y Enoshima, cerca de Tokio. Pero el Benten de Tenkawa, de la región de Kinki, es considerado como "patrón" de todos los Benten, pero, en cierto modo, se está dejando llevar por la tendencia budista.

Al fijarnos en los caracteres chinos que representan Benzaiten, se revela algo interesante. "Zai" significa "riqueza" o "bienes". Eso muestra que Benzaiten es una deidad profundamente relacionada con la fortuna. De hecho, desde su infancia está íntimamente enlazada con la riqueza.

Benzaiten es una deidad femenina de origen hindú. Y sus remotas predecesoras fueron tres diosas japonesas, llamadas Tagori-hime, Taguiri-hime y Taguitsu-hime, que surgieron de la espada del dios de la tormenta, Susa-no-o-no-mikoto. Como la espada es usada para cortar objetos, multiplicando el número de piezas, ésta frecuentemente simboliza la economía. Por eso, estas tres deidades que nacieron de la espada, que iguala a la economía, tienen un poder milagroso con los bienes. Cabe mencionar que cuando Benzaiten aparece en la tierra, se convierte en Serpiente blanca, y cuando se presenta en el cielo, tiene figura de dragón blanco.

Benzaiten es muy graciosa, quizá por ser deidad femenina. Por ejemplo, su imagen en Enoshima está desnuda, y muestra libremente su busto amplio. Asimismo, tiene en su rodilla una laúd "biwa", que puede producir un sonido melodioso. Esta gracia es una fuerte vibración espiritual que emana de Benzaiten, siendo un factor indispensable para los hombres como para las mujeres, quienes desean tener éxito y lograr la fortuna monetaria.

Aparentemente, la gracia y la suerte monetaria no tienen ninguna relación, pero pensar así es un gran error. Aquellos que han progresado y hecho una fortuna, son invariablemente graciosos. Casi no conozco casos en que una persona malhumorada, que no sabe sonreír por cortesía, haya obtenido una buena fortuna monetaria. Especialmente cuando hay necesidad de ser favorecido por el jefe o superior, la gracia con que se puede lanzar a su corazón, son armas mucho más excelentes que la capacidad medio perfecta para obtener el éxito y la fortuna monetaria.

Un buen ejemplo de la persona que dominó el país usando su gracia, fue Hideyoshi Toyotomi, el virtual mandatario de Japón en el siglo XVI.

Viendo la gracia desde otro ángulo, es el buen humor. El expresidente estadounidense Ronald Reagan es un genio de la broma. Claro que tenía capacidad política, sin embargo, su gracia le ayudó a subir finalmente a la posición más alta del mundo. El ex-primer ministro japonés, Kakuei Tanaka, también fue de ese tipo.

El "ben" de Benzaiten, también tiene un significado especial, es decir, elocuencia en su hablar o discurso. Por eso, es bueno que los que han perdido los indicios de tener el éxito por no ser expresivo, a pesar de su capacidad, acudan a Benzaiten. Les aseguro que las dos cualidades, "ben" y "zai", les llegarán inesperadamente. Sobre todo, en una sociedad humana tan amarga como la de hoy, el hombre que se sabe ganar la confianza a través de su elocuencia y su sentido del humor, podrá lograr una gran fortuna monetaria tan sólo con estas habilidades, aunque no se tenga ninguna otra capacidad especial.

Desde el punto de vista del alma y los cuatro espíritus constituyentes, la gracia es la virtud presidida por Niguimitama, espíritu de armonía. Por otra parte, Bishamonten, del cual expliqué antes, es la manifestación del valor impetuoso y paciencia, por lo que ilumina a Aramitama y Kushimitama. Dicho concretamente, cuando se combinan bien estos factores de Niguimitama y Aramitama, en otras palabras, valor y gracia, que representan poder masculino y suave humor femenino, respectivamente, se puede aproximar bastante a la fortuna monetaria.

Ebisu

Ahora, veamos a Ebisu.

Su nombre puede ser escrito con diferentes caracteres chinos o combinación de los mismos. Por ejemplo, uno significa "advertencia", y otro quiere decir "extranjero". Esto muestra que es una deidad que vino de ultramar y siempre se autodisciplina.

LOGRAR LA FORTUNA MONETARIA A TRAVÉS DEL...

Parece ser que la famosa estatua de Ebisu, de Nishinomiya, en la región de Kansai, tiene el oído un poco mal, por lo que las personas que invocan prosperidad para su negocio, van atrás del templo, golpean la puerta y le dicen en voz alta, por ejemplo: "Señor Ebisu, me llamo xx, vivo en tal lugar. Hoy es 10 de enero, en este día, con un sagrado festival ofrecido para usted, vine a suplicarle que siga favoreciéndome este año también"

Todo esto es referencia de la creación de la riqueza. Estos invocadores utilizan la imagen de bambú eneno para pedir a Ebisu, con paciencia, la buena suerte monetaria, ya que el bambú eneno florece sólo una vez cada sesenta años, por lo que tiene símbolo de perseverancia.

Ebisu lleva consigo una caña de pescar y tiene un gran pez besugo en su brazo, que no es fácil de pescar. Ha de haber logrado pescarlo después de esperar pacientemente muchos días. Para eso se requiere de generosidad, como para soltar al mar, con sonrisas, los pececillos que no eran besugos. Así es el verdadero pescador que sabe conseguir un pez grande.

De esta manera, uno debe hacer crecer su fe, manteniendo con paciencia siempre la sonrisa. Esto es lo que nos enseña Ebisu. Aunque el rumor popular dice que Ebisu de Nishinomiya tiene mal oído, en realidad no lo es. A pesar de que escucha bien las voces de las personas, finge no oír bien. Esto muestra que Ebisu sabe el arte de oír como quien oye llorar. Si bien escucha las cosas que no le parecen, deja hablar haciendo caso omiso, sin prestar atención. Si no, su sonrisa no duraría tanto. Éste es el secreto de Ebisu, que hace prosperar el negocio y atrae la buena fortuna monetaria.

120 CÓMO LOGRAR UNA GRAN FORTUNA Y EL ÉXITO

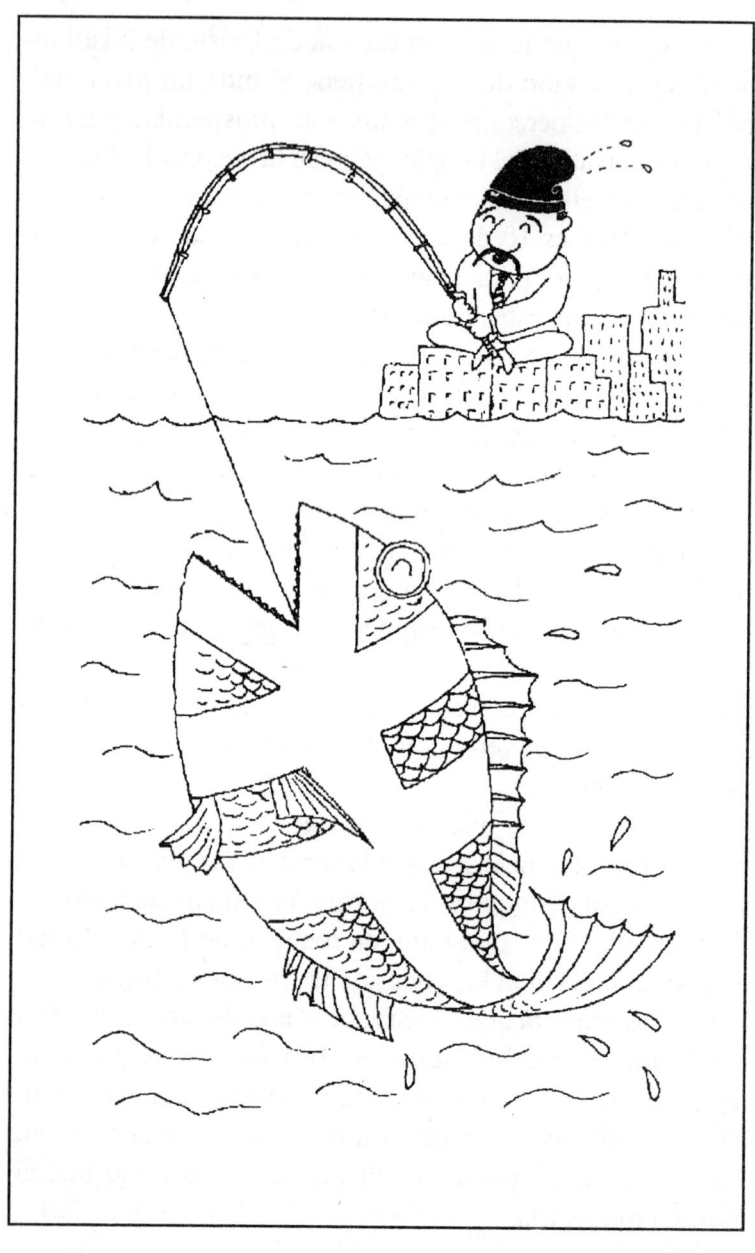

Ahora les presento el ejemplo de un vendedor, de un gran fabricante de equipos de oficinas, quien logró obtener un "pez grande" con el arte de tener éxito al estilo Ebisu. Él era de rango mediano en su compañía, y sufría por no poder progresar a gran escala faltándole algo. Yo le enseñé secretamente la manera Ebisu. Hasta entonces, él había andado sólo en las casas comerciales y empresas pequeñas, pero a partir de ese momento, dirigió la puntería a una empresa muy grande y negoció exhaustivamente sólo con esa compañía. Era una corporación de renombre, y otras marcas de equipos de oficina ya habían penetrado, por lo que al principio ningún departamento le hacía caso a la nueva cara. "No necesitamos sus equipos. Ya los tenemos". Ya había escuchado varias veces estas palabras que le dolían. Pero fingió que no las oía, como Ebisu de Nishinomiya. Acudió muchas veces a esa empresa y un día, finalmente, un jefe de departamento le dijo: "Usted es muy aplicado. Yo aprecio su diligencia. Pensamos introducir nuevos equipos pronto. Por favor, traiga sus equipos a nuestro departamento para que los probemos". Abriendo la brecha de esta manera, esa persona logró llenar todos los departamentos de la compañía con sus equipos. Fue realmente maravilloso. Además, al penetrar en una compañía grande, su efecto se amplía consecuentemente.

Aunque conquisten las tiendas o compañías pequeñas, no se podría esperar pedidos subsecuentes y ahí se terminaría. En cambio, en casos de empresas de gran magnitud, tienen mucha demanda y harán pedidos continuamente. Además, los rivales no se acercan a las compañías grandes, como no lo hacía él tampoco al principio, por lo que mientras más penetre, más segura será su posición. Asimismo, se pueden promover las ventas de un mismo sistema de equipos a las compañías filiales y fábricas colaboradoras. Ese vendedor pescó magníficamente un gran besugo.

Sobra decir que él veneraba todos los días a la divinidad Ebisu, juntando las manos para lograr el éxito en sus negocios.

Todo el mundo acomete los puntos fáciles, pero nadie apunta a los que parecen ser imposibles. Por eso, ahí está el blanco, aunque no es fácil. Hay que tener mucha paciencia y tenacidad para pescar finalmente un gran besugo. Este es el arte de los negocios al estilo Ebisu.

Por esta razón, en Nishinomiya, para el nombre de Ebisu se utiliza el caracter chino que significa "advertencia". Con ese caracter, esta divinidad sigue enseñando que el dios de la fortuna sólo sonríe a los que tienen una firme voluntad, paciencia y perseverancia. Yo les recomiendo a mis lectores que acudan al templo con esa interpretación espiritual, ya que podemos contar con el apoyo de divinidad tan excelente. Su suerte se quintuplicará.

Jurojin

Jurojin tiene la cabeza extremadamente larga, y además, calva. Es una manifestación del dios de una de las estrellas de la Cruz del Sur, Canopo, y es sumamente inteligente. Canopo es la segunda estrella más brillante en todo el firmamento, y se puede apreciar tenuemente, aún desde Tokio, en el verano. Pero se debe tener mucha suerte para encontrarla, ya que aparece a sólo dos grados sobre el horizonte.

La longitud de la cabeza de Jurojin, no sólo muestra la inteligencia, sino nos enseña la importancia de la humildad. "La espiga de arroz con más fruto, cuelga más bajo". Este es un poema japonés "haiku" que va conforme a lo anterior. Las personas demasiado inteligentes tienden a jactarse e imponerse por lo mismo. Como les parecen tontos los demás, son propensos a tener esa actitud, pero eso no es bueno, se piense como se piense.

Mientras más se obtengan conocimientos, más modestos deberán ser con la gente. Así son los verdaderos modales de los sabios. Esta humildad de los inteligentes, conduce a la modestia de nuestra vida diaria, la sobriedad de nuestra existencia y aprecio a la importancia del ahorro. De ahí, Jurojin se considera como un dios que economiza bien las cosas. En otras palabras, él tiene inteligencia para buscar intensamente la racionalidad.

También en la sociedad en general, los ancianos de alta virtud son modestos, llevan una vida austera y comen pulcramente sin dejar ni un grano de arroz en su taza. Aquí lo importante es el sentimiento de gratitud. Esta actitud atrae y hace permanecer la buena fortuna monetaria a su lado.

Uno no debe engreírse por ser inteligente, talentoso o adinerado. Si usted tiene esa tendencia, le recomiendo que venere a Jurojin juntando las manos, enmiéndese usted mismo.

Fukurokuju

A veces Fukurokuju y Jurojin se consideran los mismos, porque su poder espiritual tiende a expresarse de igual manera.

Mientras Jurojin nos enseña la importancia de ser humildes, en cambio, Fukurokuju nos muestra la de la sabiduría profunda para hacernos valer a nosotros mismos, es decir, nos revela la inteligencia espiritual arraigada en el camino correcto, la cual se logra al reflexionar por sí mismo, y prestar oído a la voz de los demás como si fuera la del cielo. Fukurokuju literalmente quiere decir suerte, felicidad y enhorabuena, y él es el dios de la sabiduría que cuenta con virtudes de austeridad para cumplir con los tres valores mencionados.

Naturalmente, la inteligencia de cada uno de nosotros es limitada. Como el viejo dicho dice: "Ven mejor cuatro ojos que dos", surgen mejores ideas entre varias personas. Si no pueden escuchar las opiniones de los demás, no podrán esperar tener la fortuna monetaria, el éxito ni buenas ideas. Las personas verdaderamente inteligentes son modestas y saben sacar diestramente el pensamiento de otros. Ellos no tratan de lucirse vanamente con egocentrismo.

Ahora, fijémonos que no es posible gozar de sabiduría si tenemos todos los deseos satisfechos, como el deseo sexual, apetito, sueño, etcétera. Aquí se encuentra el secreto para hacer florecer verdaderamente el talento, en otras palabras, contener los deseos es la clave para su revelación. Aquéllos que no pueden lograr el éxito a pesar de su talento, curiosamente quizá les falte tener este secreto. Las personas talentosas pueden venerar a Fukurokuju para saber escuchar modestamente la opinión de los otros, y no corromperse por su mala disposición y bajas pasiones. Y los que desean desarrollar su chispa de inteligencia y ser más prudentes, también pueden adorarlo, para así entender más rápidamente las cosas.

Esta divinidad también vive en la estrella Canopo, de la Cruz del Sur, y muestra la razón de la suerte, felicidad y enhorabuena, extendiendo el camino de la estrella polar a la Tierra. Les recomiendo que invoquen sinceramente a la Cruz del Sur cuando viajen al hemisferio sur.

Quisiera mencionar que el anciano Taiotsu del Mundo Divino de la estrella polar, igualmente es el dios de la sapiencia que llegó a descubrir la verdad absoluta de toda la creación, por lo que pueden pedirle favores a él también. Para mayores detalles, favor de consultar mi libro *Suerte*.

Hotei Osho

Entre las siete divinidades de la buena suerte, Hotei Osho es el único dios que fue de origen un ser humano que existió en este mundo (las otras seis deidades son existencias del Mundo Espiritual). Se dice que hace tiempo, Hotei Osho estuvo andando de un lado para otro en China, como bonzo mendigo. Pero con el tiempo, llegó a ser respetado como Maitreya bodhisattva. De hecho, Hotei Osho es la manifestación de bodhisattva. Su cabeza está totalmente despoblada y su vientre es extremadamente grande. Físicamente no se parece en nada a Maitreya bodhisattva, pero tienen la misma vibración espiritual.

A propósito, Hotei Osho posee una bolsa muy grande como Daikokuten (Una de las tres divinidades de la fortuna monetaria, que ya he explicado, por lo que aquí omito su descripción). Pero la de Hotei Osho es todavía más grande que la de Daikokuten, tan grande que el propio Hotei Osho tampoco puede cargarla a sus espaldas. ¿Sabrá alguien su contenido?

Yo, secretamente, lo he visto alguna vez. Al abrir la bolsa, salieron varias voces de seres humanos. Fue muy ruidosa. Pero al escuchar bien, me di cuenta que eran palabras de insulto y de quejas. Es decir, la bolsa estaba llena de aspectos abominables de los hombres.

Con razón, así entiendo que Hotei Osho está sentado cómodamente, no pudiendo poner su bolsa sobre sus espaldas. Sin embargo, poco después, otras voces me llegaron desde adentro de la bolsa. Eran puros términos positivos y alegres; alabanzas a otros, palabras alentadoras. En la bolsa hay también buenos puntos de los seres humanos.

El abanico que tiene Hotei Osho en su mano derecha es para dar juicio, si se trata del bien o del mal. Aunque él sea tan calvo como un huevo, su inteligencia es sobresaliente.

Su enorme panza muestra su magnanimidad, con la que acepta cualquier cosa en su vientre. Los seres humanos experimentamos muchas cosas durante la vida. Por más insultos que nos dirijan, a veces tenemos que aguantar y guardarlo en nuestro interior. La impaciencia hace perder todo. Especialmente en los negocios, uno debe abstenerse mucho de enojarse. El apresuramiento no da buen fruto. Este es el principio básico para tener éxito

Hotei Osho posee poder espiritual para hacer crecer la generosidad, brindar calma a la gente y meter en su bolsa la malediciencia y calumnias de otros. En otras palabras, su función es formar a las personas con magnanimidad y orientarlas al camino correcto, esclareciendo el bien y el mal de las cosas. Si usted es del tipo de personas que son impacientes y sueltan disparates que molestan a su alrededor, le recomiendo que se bañe de las vibraciones espirituales de Hotei Osho.

Secreto para aprovechar las oportunidades

Uno de los consejeros más cercanos del Shogun Iyeyasu Tokugawa, fue un bonzo que se llamaba Tenkai, y éste decía: "Los japoneses debemos actuar como las siete divinidades de la buena suerte". Efectivamente, es cierto, ya que todas las personalidades de las siete divinidades, son indispensables para nosotros y ninguna nos debe faltar.

En este mundo, el dinero no lo es todo, pero si desean lograr la fortuna monetaria, primero deberán plasmar firmemente en su mente las caracetrísticas de las siete divinidades de la buena suerte. Una vez que sus condiciones interiores se cumplan, la buena fortuna monetaria empezará a aparecer por sí sola en el mundo exterior.

El otro punto que quisiera enfatizar, es que sería inútil simplemente admirarlas, ya sea a las tres deidades de la fortuna monetaria anteriormente mencionadas o a las sietes divinidades de la buena suerte. Porque parecería un mendigo si sólo se repitiera: "Por favor, concédanme una buena fortuna monetaria". Aquí no hay creación de riqueza a través de los propios esfuerzos. Siendo así, los dioses no se animarían a ofrecer su ayuda.

Todos nosotros tenemos un alma compuesta de cuatro espíritus en nuestro interior. Asimismo, ya estamos dotados potencialmente de las cualidades de las tres deidades de la fortuna monetaria y de las siete divinidades de la buena suerte, por lo que debemos rezar a los dioses, juntando las manos, para que ellos actúen a mayor escala, y que nos alimenten de más poder desde el Mundo Espiritual. Lo importante es hacer esfuerzos por nuestra propia iniciativa y mostrar el corazón y la actitud de querer obtener la fortuna monetaria. Entonces, los dioses reconocerán nuestra voluntad y se animarán a darnos la fuerza.

La clave es sostener la posición de "no esperar a que los dioses se muevan, sino ponerlos en acción con nuestra sinceridad". Lo siguiente debe quedar entre nosotros: últimamente el número de personas que adora a esos dioses ha disminuido, al haberse dado cuenta de la condición y origen de ellos, por lo que hay muchos dioses que se sienten solos en el Mundo Divino. Por eso, si los veneramos estando conscientes de lo que he escrito, ellos actuarán con mucha atención hacia nosotros.

Forma de invocar para recibir múltiple poder divino

Ahora explicaré la manera correcta para invocar a los dioses. Como mencioné antes, lo importante es tener una actitud activa y dinámica, en lugar de recurrir pasivamente a ellos. Su oración puede ser: "Intentaré esforzarme mucho. Por eso, por favor, bendíganme".

Asimismo, no se debe pronunciar bruscamente el nombre de dios y suplicar diciendo: "Ayúdeme". Se deben usar palabras de introducción antes de iniciar la oración, como los cristianos dicen: "Padre nuestro que estás en los cielos, santificado sea tu nombre..." Ellos nunca empiezan con: "Oye Dios".

La oración del sintoísmo, conocida como "norito", emplea muy eficazmente dichas palabras para hablar correctamente a los dioses. Más adelante presentaré concretamente la oración. Aún cuando se invoca de manera sencilla a los dioses juntando las manos, las palabras de introducción son necesarias. La clave es alabarlos y enfatizar sus carácteres particulares. Si se reza, por ejemplo, a Bishamonten, se puede decir: "Señor poseedor del vigoroso poder de vencer el mal, uno de los Cuatro Dioses del Cielo..." Y si se ora a

Ebisu, la introducción puede ser: "Tú que tienes voluntad firme y paciencia para esperar hasta pescar al gran besugo...".

Al agregar las palabras de introducción, en lugar de pedir simplemente un favor, los beneficios concedidos por los dioses se multiplicarán cien veces más. Por ejemplo, imagínense que un vendedor visita inesperadamente su casa y dice: "Compre este producto. Yo le recomiendo que lo compre. Por eso cómprelo", ¿qué pensará usted? Seguramente se irritará.

En cambio, si el vendedor dice: "Qué bonita casa tiene usted. Y su vestido es de buen gusto. Usted sabe comprar cosas de calidad. Ahora, mire este producto. El precio está muy rebajado. Además, va conforme a su gusto. De su compra nunca se arrepentirá. Se lo garantizo. Le voy a ofrecer el mejor precio, así es que, por favor, pruébelo". Entonces, al ser explicado de esta manera suave, usted dirá: "Tiene razón, parece ser que no voy a perder. Además, me hace descuento, y percibo su ahínco en el trabajo. Bueno, voy a comprárselo". Los dioses piensan de la misma manera. Si usted inclina la cabeza reverentemente y pide un favor a los dioses con entusiasmo sincero, ellos le responderán.

Además, al pronunciar las palabras de introducción, usted puede reforzar sus propios sentimientos de devoción y tener una imagen más concreta. De este modo, usted puede fortalecer la comunicación con el Mundo Espiritual.

Desde luego que no se debe escatimar en sus propios esfuerzos, a la vez que se tiene fe en el poder divino. Asimismo, es necesario tener la actitud de desear lo bueno para otro, al igual que a usted mismo. Y además, en la oración no olvide mostrar su actitud, por ejemplo: "Si el Mundo

Divino no está acorde, por favor, rectifiquen mi dirección". Es decir, es importante tener la disposición de depositar totalmente el destino final en manos de los dioses, ya que esta postura representa la sumisión y modestia.

Bueno, he explicado muchas cosas. Pero la manera más fácil e importante para entender todo esto es llevarlo a la práctica, y experimentar con todos los sentidos los beneficios virtuosos y el poder de los dioses. Para comprender los efectos de la gracia divina y el mérito humano, no hay otra manera que practicar y aprender con experiencias, sin tantas teorías. Espero que su virtuosa fortuna monetaria se extienda cada día más.

Capítulo 3

Así se maneja un dineral

Secreto para ganar dinero alrededor del mundo

Características de los pueblos afortunados de gran fortuna monetaria

Ciertos grupos étnicos del mundo tienen destreza para hacer dinero. Quienes se vienen primero a mi mente son los judíos, luego, los chinos en el extranjero, seguidos por los hindúes. Los japoneses también somos bastante hábiles en este sentido.

Se dice, sobre todo, que el dinero judío es tan fuerte que controla la economía global, especialmente la estadounidense. Hace unos 2 mil años ellos perdieron su patria y se dispersaron por todo el mundo como pueblo errante. A pesar de haber sufrido numerosas persecuciones, han conservado la fe en Yahvé, y han seguido depositando el deseo de restauración de su nación en sus descendientes.

Yo entiendo bien por qué ellos se han hecho de una enorme cantidad de dinero como para dominar la economía mundial. Ellos despliegan vigorosas actividades, también en el plano político. Yo no atribuyo este fenómeno al llamado "Protocolos de Sión" (un escrito en que se muestra la estrategia mundial de los judíos). La causa fundamental va más allá de lo superficial, y además, es más concreta, histórica y espiritual.

Hay cuatro fuentes de poder de los judíos, que son:

1. Educación
2. Mundo Divino
3. Linaje
4. Condiciones históricas

Primero, veamos la educación. Los judíos estudian el Antiguo Testamento desde niños y la Divina Providencia (programa universal de Dios para los hombres) les es grabada en su cabeza. Este tipo de educación es tan efectiva que en ocasiones hace surgir grandes genios como Albert Einstein.

Segundo, el Mundo Divino tiene su papel. Los judíos poseen la firme convicción de que ellos son un pueblo siempre protegido por Yahvé, lo cual se convierte en un "sonen" étnico muy fuerte y forma una parte del Mundo Divino. Por eso, Dios y sus ángeles descienden a protegerlos.

Cabe mencionar que en el Mundo Divino, Yahvé existe como deidad dragón dorado gigante, quien posee autoridad y poder. Él maneja una inmensa cantidad de dinero en el Mundo Material. La suma de dinero que está bajo su control es tan grande, que puede decidir la suerte de la nación y hasta del mundo.

Tercero, el linaje. Los judíos se preocupan increíblemente por su sangre. Es difícil imaginarlo para nosotros los japoneses, que somos pueblo unitario y vivimos en un país isleño aislado. Ellos gastarían una enorme cantidad de dinero, sin vacilar, para salvar a un paisano suyo. Es realmente asombroso. Para ellos, la sangre representa el espíritu; en otras palabras, la sangre es la materialización del espíritu.

Por último, hay condiciones históricas. Los judíos se han dedicado a reestablecer su nación, a pesar de que han sufrido innumerables casos de persecución. En este ambiente, ellos se han fortificado.

La educación, el Mundo Espiritual, el linaje y las condiciones históricas. Estos cuatro elementos han funcionado para dar ciertas ventajas a los judíos. Y ellos han sido capaces de formar un firme bloque de soporte de espíritus. Esto, a su vez, les ayudó a atraer la suerte económica, poder y talento.

Los chinos en el extranjero están en una situación parecida a la de los judíos. Viviendo en tierras extrañas, lejos de su patria, ellos también están conservando su sangre y han logrado una gran fortuna monetaria.

¿Por qué hemos tenido éxito los japoneses en la economía mundial?

Ahora, vamos a ver por qué el Japón de hoy ha llegado a ser una potencia económica, contando con el segundo PIB más grande del mundo. Si lo explicara detalladamente, iría para largo, por lo que aquí me limito a hacer una explicación de manera sencilla. La razón del éxito se puede resumir en la expresión "yamato damashii" o espíritu japonés.

134 CÓMO LOGRAR UNA GRAN FORTUNA Y EL ÉXITO

"Yamato damashii" es a veces usado para describir la valentía de los japoneses que se muestra en la guerra y en otras situaciones. Pero este concepto, también comprende la alta capacidad de asimilación, lo cual significa, por ejemplo, mezclar A y B para inventar algo nuevo llamado C. Asimismo, con este espíritu se pueden cultivar cosas nuevas, preservando a la vez las viejas.

Un buen ejemplo de esto son las religiones que hay en Japón. En este país, las varias religiones, como el sintoísmo, que es la antigua religión propia de Japón, el budismo, el confusionismo, el cristianismo, coexisten armoniosamente. En el caso del budismo, a pesar de que se originó en la India, floreció más fuerte en Japón, el país más al este desde el lugar de su nacimiento.

Los japoneses básicamente no nos inclinamos a trazar distinciones en nuestro pensamiento, diciendo cosas como: "Esto está bien, pero aquello está mal", sino buscamos positivamente la manera de acomodar todas las cosas, diciendo: "Esto está bien y aquello también". Esta actitud se puede resumir en la expresión: "Lo pasado, pasado; olvidémoslo, lo más pronto posible". Es muy diferente al mensaje de feroz venganza proclamado por Yahvé a través de la filosofía: "Ojo por ojo, diente por diente".

Japón tiene su propio Mundo Espiritual. Naturalmente, los japoneses actuamos según nos dicta nuestro Mundo Espiritual. Ya que la mayoría de nuestros espíritus guardianes son antepasados japoneses. Y además, los dioses tutelares son nativos de Japón. En consecuencia, si un japonés desea atraer la buena fortuna monetaria con la ayuda del Mundo Espiritual, tendrá que hacer conciencia concentradamente en el Mundo Espiritual de Japón.

Las personas que tienen su sede espiritual en Japón, deben actuar necesariamente de acuerdo con el pensamiento japonés. "Yamato damashii" es el nombre genérico para este pensamiento y sensibilidad. Quiero decir, que no debemos perder de vista los excelentes aspectos, los valores culturales, entre otros, que poseemos nosotros los japoneses.

Si uno llega a poder mover el Mundo Espiritual al asimilar bien este punto, podrá gozar del poder para lograr la fortuna monetaria que tiene propiamente el pueblo japonés. Asimismo, podrá salir adelante en la corriente ascendente. Los hombres de negocios representativos de Japón han podido concentrar el poder espiritual del pueblo japonés en su persona, y como resultado de esto han alcanzado gran éxito en sus carreras, lo cual explicaré más adelante.

Diferencia física entre los grupos étnicos

Curiosamente, los rostros de los pueblos con buena fortuna monetaria tienen muchos puntos en común. Como no he realizado estadísticas concretas contando con numerosos ejemplos, no tengo datos numéricos, pero puedo enumerar sus tres características particulares tomando en cuenta también el aura espiritual. Son:

1. Estructura de huesos grandes
2. Nariz grande
3. Brillo alrededor de los lóbulos de la oreja
   y el caballete nasal

La "estructura de huesos grandes" no significa necesariamente el hombre de tamaño grande. Hay pequeños individuos que dan la impresión de que son robustos. Ellos son vigorosos, sanos y físicamente fuertes. De ahí se derivan la fuerza de voluntad y el poder espiritual.

La nariz grande inspira el poder, sobre todo, cuando es imponente y bien asentada. Además, la nariz grande en el centro de la cara, proporciona sentido de estabilidad a la cara entera. Esto da tranquilidad a las personas con quienes trata y les hace sentir que es una persona digna de confianza.

El lustre alrededor de los lóbulos de la oreja y el brillo en el caballete nasal, en realidad, significan que la piel facial en su conjunto tiene cierto resplandor atractivo. El buen semblante es signo de buena salud, e indica su carácter alegre y sincero.

Éstas son las características muy aproximadas de los pueblos con poder a la fortuna monetaria.

Gran defecto en el poder divino del dragón

Como mencioné antes, el dios tutelar de los judíos que atrae una gran fortuna monetaria, es el dios dragón dorado. Y éste tiene un solo gran defecto. Es decir, es demasiado estricto con respecto a los mandamientos y preceptos.

Los diez mandamientos de Moisés escritos en piedra, fueron dictados por esta deidad. Como se nota en su contenido, es como si fuera una colección de prohibiciones. De ahí surge la energía para aspirar al poder, y la tendencia de dar gran importancia a mantener el orden. Pero también es manifiesto un defecto concreto: no reconoce absolutamente otras religiones y es extremadamente rigurosa con sus mandamientos. Quizá era inevitable hasta cierto punto, cuando la civilización todavía no se desarrollaba, y esto puede compararse con la educación a los niños. Es decir, es necesario que los padres disciplinen rigurosamente a sus hijos mientras son pequeños. Porque deben enseñarles las reglas manejadas en la sociedad humana indicándoles las prohibiciones. Pero si aplicaran la misma manera educativa a las personas con más de treinta o cuarenta años de edad, que ya tienen juicio y autonomía, reaccionarían lógicamente contra este estilo. Francamente, el efecto pernicioso de conceder demasiada importancia a los mandamientos es, nada más y nada menos, que la falta de amor. Como no hay amor, no hay perdón y surge fácilmente un pensamiento vengativo.

Jesucristo, que nació como judío, indicó agudamente ese punto y acentuó que los hombres no podían vivir sólo con preceptos y mandamientos, necesitaban el amor. Originalmente los mandamientos fueron determinados por Dios para que los hombres fueran felices. No tiene sentido si se vuelven infelices al respetarlos. El amor es más importante que obedecer meramente las reglas. Así predicó Jesucristo. Esto fue la razón clave por la que Jesucristo fue un revolucionario religioso . Precisamente por eso, nació la filosofía: "Si alguien te bofetea la mejilla derecha, ofrécele también la izquierda", lo cual es totalmente opuesto al precepto: "Ojo por ojo, diente por diente". Según el Nuevo Testamento, Jesucristo acusó severamente a las personas que estaban haciendo negocios en frente del templo y destruyó sus puestos echándolos a patadas. Él pegó de puntapiés al dios dragón dorado, que es la deidad de la fortuna monetaria. Además, violó el mandamiento de Yahvé contra el trabajo en los días de descanso, al curar las enfermedades e ir al campo a labrar.

Esta actitud de Jesucristo constituye una de las causas por las que los judíos no pudieron aceptar su mensaje en aquel entonces, y no lo aceptan aún ahora. Este punto es muy significativo.

Es decir, Yahvé, dios dragón dorado, pretendía unificar el pueblo y darle prosperidad económica a través de sus rigurosos mandamientos y reglas. En cambio, Jesucristo indicaba que los seres humanos debían acumular tesoros en el cielo por medio del amor. En otra palabras, Jesucristo hablaba de la "verdadera riqueza" y Yahvé, del oro, que es el tesoro con el cual el pueblo podría prosperar en la tierra. Desde luego que ésta es una explicación muy simplificada y hay casos excepcionales, pero en general es así.

Y el que controló hábilmente estos aspectos fue el famoso Mahoma, quien intentó manejar la riqueza a través del amor y movilizar al pueblo mediante la riqueza. Mahoma contaba con los dos conceptos de amor: poder del dios dragón, y fue muy astuto espiritualmente.

Ahora bien, el Mundo Espiritual de Japón tiene tanta magnanimidad que es capaz de comprenderlo todo, por lo que aceptamos tanto al dios dragón como el énfasis que hace el cristianismo en la fortuna económica basada en el amor.

Bueno, he tratado de describir a grandes rasgos cómo el poder espiritual actúa diferente entre varios grupos étnicos, en el área de la fortuna monetaria. Lo importante es no aferrarse a una sola forma de suerte, y tener amplias opciones y posibilidades para lograr la fortuna. Esto es el modo japonés. Si usted piensa: "Ésta es la única manera" o "Tiene que ser así", puede perder las oportunidades de obtener la fortuna monetaria.

Cabe mencionar que hay decenas de dioses dragón relacionados con la fortuna monetaria: el azul, el blanco, el rojo, el amarrillo, el plata, el de nueve cabezas, etcétera. Si le interesa conocer el poder de estos dragones, puede consultar mi libro, *Mundo Divino*, en el que se expone una explicación detallada.

La vida anterior y la filosofía de los hombres de negocios representativos de Japón

Las vibraciones espirituales del presidente de una compañía llegan a todos los rincones de la misma

No es tan fácil manejar una compañía y mantener siempre la utilidad. Cualquier persona que tenga experiencia en este campo lo entenderá.

El presidente debe estar atento, con perspicacia, a todos los aspectos: control y desarrollo de los productos, asuntos del personal, tendencias sociales y económicas, financiamiento, política sobre impuestos, flujo de fondos, entre otros. Si toma alguna decisión equivocada y hace caer en bancarrota a la compañía, sus empleados, y hasta sus familias, se quedarían sin recursos. Es decir, el papel del presidente y la filosofía de la compañía pueden ejercer una influencia decisiva, no sólo en el presidente mismo, sino también en otros individuos.

Si el presidente goza de una buena fortuna monetaria, la compañía progresa y el sueldo de los empleados puede aumentar. Porque el presidente es quien tiene la clave de la

fortuna de todos los empleados, nadie, ni más ni menos que él, por eso tiene una grave responsabilidad sobre sus espaldas.

Sin embargo, aunque una persona tenga buena fortuna monetaria, eso no sería suficiente para extenderla a nivel empresarial. Eso no es suficiente. Aquellos que llegaron a ser la cúspide de la corporación, o que fundaron e hicieron grande la firma partiendo de nada, emanan el magnetismo personal que atrae a la gente. Esto es algo muy diferente a la fortuna monetaria; es algo parecido a la virtud humana.

Además, lo notable es que todos los buenos presidentes cuidan bien a su personal. Un famoso soldado dijo una vez: "Mi gente es mi muralla; mi gente es mi ciudadela". Lo mismo sucede con las compañías, ya que está formada de personal. El talento de los empleados reclutados y el grado de la revelación de su capacidad, deciden la fuerza de su propia compañía. En este sentido, la destreza del presidente consiste en asegurar al personal de más alta calidad. Pero, pensando de manera inversa, nos damos cuenta de que lo importante es edificar una compañía que tenga una filosofía que atraiga a las personas capaces. Una compañía está constituida de "gente, objetos y dinero". Para hacer valer al personal, se manejan los objetos y se controla el flujo de dinero. El éxito depende de si se administran bien o no estos elementos. El presidente con poca habilidad en los números, finalmente no podrá conducir a su gente ni sacar la mejor partida de sus recursos humanos.

La filosofía de la empresa es influenciada en gran medida por el nivel espiritual y las vibraciones espirituales del presidente. El pensamiento del presidente y su manera de dar beneficios a la sociedad son muy importantes. No es exagerado decir que el "sonen" del presidente envuelve toda la compañía. De hecho, los vendedores, los obreros de la fábrica y hasta las señoritas de la recepción, reciben las ondas espirituales de su presidente, aunque son invisibles. Precisamente, la llamada CI (sigla inglesa de corporate identity, identidad de corporación) es la concreción de esto.

Curiosamente, hay muchos casos en que, cuando el presidente de la compañía está pensando en un departamento de cierta planta, el personal de dicha dependencia, inesperadamente llama a la puerta de la oficina del presidente. Esto significa que las vibraciones espirituales del presidente llegan evidentemente a dicho departamento de la planta.

Un presidente terco pierde oportunidades

Como ya mencioné en el capítulo 1, la persona testaruda y poseedora de un aferramiento anormal, no puede ver correctamente las cosas y carece de chispa de inteligencia. A nivel individual, esto se limita a la pérdida o al fracaso de sí mismo, pero en el caso del individuo que tiene el papel de manejar una compañía, no es así.

Especialmente cuando se tiene que salir resueltamente al juego, observando la sutil tendencia del mercado, ya no se trata de preferencia o gusto individual. Cuando se percibe la oportunidad, debe lanzarse valientemente, así como cuando llegue el momento, debe retirarse de buena gana. Este es el secreto de la administración empresarial. Para dominarlo, es necesario cultivar habitualmente la perspicacia, para que no dejen escapar la oportunidad. Es importante saber cuál es el momento más oportuno.

La deidad que controla el tiempo es Ko-no-hana-sakuya-hime-no-kami, diosa del monte Fuji. Ko-no-ha es el nombre usado antiguamente para la flor del cerezo. Ésta florece rápidamente y cuando llega el momento, se deja llevar por el viento primaveral resueltamente. Aquí el punto importante es tener la actitud de florecer como un rayo y dejarse caer oportunamente, como la flor de cerezo, abandonando el aferramiento y el ego. Esto es juzgar el mejor momento y obtener la oportunidad.

Considero que en eso consiste la diferencia entre un presidente exitoso y uno fracasado. Últimamente, muchas compañías aventureras han llegado a prosperar al captar el momento oportuno y aprovechar la oportunidad. Claro que también hay numerosas compañías que fueron aplaudidas como héroes y luego cayeron en la bancarrota. En la mayoría de los casos, los presidentes de las compañías perdidas son enérgicos y tienen un fuerte ego y aferramiento. En cambio, los presidentes exitosos que lograron poner la empresa aventurera en marcha, son, de verdad, del tipo que presta oídos a la voz de otros, aunque aparentemente parezca terco. Es evidente que las compañías aventureras que cumplieron con el rápido crecimiento, sólo con la testarudez y la suerte monetaria personal del presidente, están destinadas a derrumbarse con el tiempo, puesto que el presidente persiste demasiado en su talento, confiando excesivamente en él mismo.

Las empresas grandes de hoy, fueron aventureras cuando iniciaron sus actividades. Por eso los presidentes de las compañías aventureras pretenden ser un "segundo Sony" o "segundo Honda". Los fundadores de "zaibatsu" (grandes consorcios empresariales) de ahora como Mitsubishi y Sumitomo tenían mucho espíritu aventurero. La razón por la que pudieron pasar de las aventureras a las importantes, ha sido porque los presidentes no se jactaron de su capacidad, y prestaron atención a las opiniones de los demás. Sobre todo, es dificultoso pasar de las microempresas a las medianas, y de éstas a las grandes. Es difícil hacerse grande, salvo que el presidente forme a directivos que lleguen a tener casi la misma capacidad que él mismo, o que se fusione con otra compañía.

No se puede esperar un crecimiento sano si no se goza de la suerte de ser favorecido por los demás, ni se podría manejar bien cada una de las áreas como: ventas, finanzas, asuntos laborales, desarrollo de productos, publicidad, etcétera. Por eso, si no se tiene una mente dócil, abandonando el ego y aferramiento, no se podrán percibir las trampas ni sonreirá Ko-no-hana-sakuya-hime-no-kami, diosa del tiempo.

Efectos de la vida anterior

Antes, ya había explicado la relación que existe entre la vida actual y la anterior. Ahora, fijémonos que la conciencia de la vida anterior, sumergida en la subconciencia, influye mucho sobre la filosofía empresarial del presidente y las características de la compañía.

Como ejemplos, quisiera citar al difunto Konosuke Matsushita, fundador del Grupo Matsushita, formado de compañías de productos eléctricos y electrónicos; Toshio Doko, quien antes de su fallecimiento fue presidente de honor del Keidanren (Federación de Organizaciones Económicas de Japón); el difunto Soichiro Honda, fundador de Honda Motors Corporation; Akio Morita, de Sony; y el difunto Kenji Osano, quien es considerado como uno de los hombres de negocios más influyentes después de la guerra, con especial conexión con el mundo político. Debo aclarar que nunca los he visto personalmente, ni tengo perfecto conocimiento sobre su teoría y filosofía empresarial. Solamente examiné la vida anterior de estos personajes como investigador del espíritu.

"Si usted no ha visto nunca a estos individuos, ¿cómo puede analizar el efecto de su vida anterior?" Muchos de mis lectores concebirán esta duda. Sin embargo, esto no es imposible si se utiliza el poder sobrenatural. No voy a entrar en detalles, pero, aunque la persona en cuestión no esté presente, es posible ver sus vidas anteriores y sus espíritus guardianes. Desde luego que resulta más confiable tener una entrevista directa con el individuo, y, si la persona en cuestión está lejos, se requiere de extrema fuerza de concentración. Por eso, salvo casos especiales, no examino sin ver personalmente al sujeto.

El motivo para presentar ahora las vidas anteriores de los empresarios, es mostrar que los factores relacionados con el dinero y la suerte financiera, que afectan el destino de la compañía o de la nación, son invariablemente influenciados por el Mundo Espiritual. (Por supuesto que una pequeña cantidad de dinero también recibe influencia del Mundo Espiritual.)

"¿Por qué aquél es tan bueno para ganar dinero?" Normalmente se encuentra cerca de uno alguien a quien se le puede admirar con tal expresión. En algunos casos, ellos son hábiles para atraer la fortuna monetaria, y en otros, la conciencia de la vida anterior de ellos, hace que cumplan a través de la fortuna monetaria, lo que no se realizó en su existencia pasada. Lo que constituye al hombre de negocios, no es hacer dinero, sino algo que está más allá.

Aquellas personas, cuya creencia es "hacer dinero es mi único placer en la vida", no podrán alcanzar, al fin y al cabo, la cúspide de la compañía poseedora de cientos o miles de empleados. Aunque llegara a ser presidente, su buena suerte terminaría en una sola generación. Hacer dinero es una consecuencia, así como un medio para realizar el objetivo final, que es dar felicidad a la gente, contribuir a la sociedad y trabajar para el progreso duradero de la empresa. Los empresarios que piensan de esta manera, alegran al Mundo Divino y ganan su protección.

Konosuke Matsushita

El difunto Konosuke Matsushita (1894-1989), fundador del Grupo Matsushita, fue uno de los más famosos empresarios del mundo, y su historia, de la pobreza a la riqueza, ha servido como inspiración para innumerables hombres de negocios. En su vida anterior fue fundador de la dinastía Ming (1368-1644), Emperador T'ai Tsu ("Gran Progenitor"), cuyo nombre original es Chu Yuan-chang.

Él nació en China, en el siglo XIV. De familia agrícola humilde, ascendió hasta alcanzar la cumbre, y hasta se puede comparar con el Emperador Kao Tsu (Liu Pang), fundador de la dinastía Han.

En una primavera, cuando Yuan-chang tenía 17 años, perdió a sus padres y a su hermano debido a una enfermedad. Se quedó huérfano, y durante un tiempo se sometió a un riguroso entrenamiento espiritual como monje budista, pero posteriormente se hizo militar.

Sus actividades como militar fueron destacadas, y poco después llegó a ser un general en jefe.

Yuan-chang logró arrojar a los mongoles, y fundó la dinastía Ming en 1368, cuando él tenía 40 años. Él denominó el nombre de la era, Hung-wu, y llegó a dominar el inmenso imperio chino como Emperador Hung-wu ("vasto poder militar"). Su talento político fue desplegado plenamente al realizar, como emperador, la reconstrucción de aldeas agrícolas, la educación a los campesinos y el censo de población, entre otros. Por otro lado, Hung-wu exterminó sin vacilar a su oposición; se dice que su número asciende a 30 mil individuos.

Para gobernar la enorme China era necesario mantener firmemente su autoridad, por lo que, en algún sentido, quizá era inevitable la matanza. En fin, Hung-wu murió en 1398, a los 71 años de edad.

Todo esto sucedió hace seis siglos. El alma de Chu Yuan-chang, quien unificó China bajo la dinastia Ming, renació como Konosuke Matsushita. La misma alma apareció de nuevo en este mundo, como un empresario japonés, 500 años después de la muerte de Chu.

Como todo el mundo sabe, Matsushita fue de familia humilde. Bueno, en aquel entonces todo Japón era pobre (él nació en 1894). Pero en su caso, además de la pobreza, tenía la desventaja de ser físicamente débil.

A los 9 años de edad, empezó a trabajar como aprendiz, saliendo de su familia, y luego se hizo obrero de la fábrica de una compañía eléctrica, en Osaka. En ese entonces, Matsushita inventó un portalámparas de doble salida, lo cual condujo a que él se independizara a la temprana edad de 37 años, constituyendo su propia compañía. La desintegración de "zaibatsu", durante la ocupación, le causó serios problemas, pero siendo favorecido por el auge de aparatos electrodomésticos, que empezó en los años cincuenta, Matsushita logró establecer, de un golpe, los cimientos de la compañía de hoy.

Obviamente, hay similitud entre, Konosuke Matsushita, quien a pesar de su origen pobre, formó una de las compañías electrodomésticas más representativas de Japón, y Chu Yuan-chang, muchacho de humilde familia agrícola. Matsushita fue conocido y respetado como "dios de la administración empresarial", pero desde el punto de vista del Mundo Espiritual, su deseo fue cumplido sólo en un 70 por ciento, y el 30 por ciento restante, quedó como motivo de vejación para él.

No quiero tocar la vida privada de Matsushita, pero parece ser que, cuando tenía 17 ó 18 años de edad, tuvo una experiencia que le hizo pensar profundamente en el significado de la vida, y se propuso un gran objetivo. Gracias a la grandeza de su ambición, él atrajo numerosos espíritus guardianes, quienes lo apoyaron completamente.

Matsushita constituyó un "ejército", formado entre 2,300 y 2,500 espíritus guardianes, la mitad de ellos eran chinos. La afinidad espiritual con Chu Yuan-chang, su vida anterior, se ve reflejada en la constitución del cuerpo de protectores.

A propósito, Matsushita fue considerado por la gente como un hombre muy sereno, y hasta frío; pero no lo estoy afirmando en un sentido negativo. A veces, su actitud se refleja en los ojos ajenos como fría y calculadora, pero, él logró construir el imperio Matsushita contando con esta sangre fría. Por lo tanto, finalmente su cualidad funcionó de manera positiva.

Compensación de la vida anterior

Chu Yuan-chang vivió para la gran justicia, y lo mismo hizo Matsushita. La prueba es que, dentro del terreno de la casa matríz Matsushita, él estableció un "templo fuente principal" para adorar al origen del Universo. Asimismo, Matsushita asumió una vez el cargo de presidente del grupo dominante de los devotos del Templo Ise, y el de la asociación representativa de templos sintoístas de todo Japón. La fe de Chu Yuan-chang, quien un tiempo fue monje, se manifestó de esta forma en su vida posterior. Además, Matsushita mantuvo constantemente la actitud de adoptar, vigorosamente, todo lo que fuera bueno. Es el pensamiento que va conforme al espíritu "yamato damashii", que expliqué anteriormente.

Para mantener su autoridad, Chu Yuan-chang mandó matar a muchas personas. Tal pecado de la vida anterior, sólo con el ascético entrenamiento en el Mundo Espiritual, difícilmente se borra, y la mala influencia del karma permaneció aún cuando él nació como Matsushita, en este Mundo Material. Pero, afortunadamente, las extremosas penalidades que experimentó triplemente Matsushita desde su niñez: pobreza, enfermedad y endeble educación, aligeraron el mal karma de su vida anterior.

Esencialmente, los dioses no permiten que desaparezcan los malos actos de la vida anterior, por más que se tenga fe o se les ofrezcan donaciones. Porque es un principio establecido por ellos mismos; el bien causa buen efecto y el mal causa mal efecto, es decir, uno debe pagar las consecuencias. Lo máximo que pueden hacer los dioses con su gran amor, es minimizar la deuda. Especialmente, las penalidades que se experimentan cuando se es joven, son menos pesadas que las que se tienen en la edad avanzada, y además, pueden servir como alimento para la maduración. Se podría decir que cuanto más se sufre siendo joven, más lo quieren los dioses. Matsushita superó magníficamente

ASÍ SE MANEJA UN DINERAL

estas penalidades y se planteó un alto propósito en su vida, para luego vivirla positivamente. Ésta es la razón por la que él pudo gozar de gran protección divina.

Asimismo, aunque nunca he escuchado esto personalmente del señor Matsushita, estoy convencido de que él se enfrentó, por lo menos siete veces en su vida, con situaciones tan amargas como para desfallecer, de las cuales, dos ocasiones fueron especialmente penosas. En esos momentos, Ryuju Bodhisattva le ofreció una mano de salvación, dándole valor y ánimo. El hecho de que Matsushita alcanzó tan profunda comprensión en los negocios y la naturaleza humana, se debe a que Ryuju Bodhisattva como representativo de sus espíritus guardianes, lo respaldó con su apoyo.

Como expliqué antes, Matsushita tuvo un "ejército" de más de 2,000 espíritus guardianes. Esta legión de tropa espiritual le ayudó a extender su filosofía personal, llamada "Matsushitaísmo", a cada rincón de su compañía, y a cada uno de sus empleados. Por ejemplo, cuando Matsushita pensaba: "¿qué hago con aquel departamento?", se formó el "sonen", y junto con ese "sonen", el poder de sus espíritus guardianes se concentró en ese departamento. Viéndolo a la inversa, se podría decir que el afecto de los trabajadores hacia Matsushita, atrajo a sus espíritus.

La activación del poder de los espíritus guardianes, y su influencia en nosotros, son cosas que experimentamos frecuentemente en nuestra vida diaria. Por ejemplo, los novios o matrimonios que se aman y se respetan, sienten la presencia de su pareja al pensar algo como: "¿qué estará haciendo mi amor en este momento?"; aunque no estén juntos físicamente, se produce la sensación de que su pareja estuviera sentada a su lado. En realidad, éstas son las vibraciones espirituales. En el caso de Matsushita, el número de sus espíritus guardianes es enorme, y consecuentemente, su poder es muy fuerte.

Con sólo observar lo anterior, se entiende qué tan importante es la interrelación entre el presidente y sus empleados. Desde el punto de vista divino y espiritual, el presidente que no goza de respeto y devoción de sus trabajadores, ya perdió la cualidad de ser el líder de la compañía.

Sin embargo, entre los empresarios, hay individuos que han llegado a ser presidentes sólo contando con el carácter carismático, y se han dedicado a ganar dinero engañando a la gente. Los empleados que siguen a tal jefe son trágicamente desafortunados, porque reciben la influencia de los malos espíritus que están detrás de él.

Kenji Osano

Francamente, no tuve la oportunidad de conocer bien al difunto Kenji Osano. Nunca lo vi personalmente, ni conversé con él. Todo lo que sé sobre él, es lo que leí en el periódico y escuché por la televisión, por ejemplo, que Osano fue un queridísimo amigo del ex-primer ministro, Kakuei Tanaka.

Sin embargo, después de su muerte, las revistas estuvieron llenas de artículos como: "La suma de la herencia alcanza billones de yenes" o "¿Qué pasará con sus 20,000 empleados?". Aún ahora, recuerdo bien cuánto me sorprendí en aquel entonces al escuchar que él había tenido tal clase de fortuna e influencia. De hecho, él podría ser el número uno en la fortuna, en el Japón de entonces, y uno de los más ricos en el mundo.

Fue realmente extraño que un hombre tan rico y poderoso como él, hubiera sido mencionado por los medios masivos de comunicación sólo en ocasión de escándalo, en el juicio de Lockheed. Pero eso mostró que Osano era hábil en operaciones oscuras. Por eso, de repente me interesó la vida anterior de Osano. Pero, quiero aclarar que no tengo intención alguna de acusarlo, aprovechando esta ocasión.

Bueno, veamos su vida anterior. Osano fue, por sorprendente que sea, el famoso señor Dosan Saito. Para ser exacto, el espíritu de Saito fue transferido directamente al cuerpo de Osano.

Dosan Saito nació en 1494, en el período de Muromachi. Él empezó a vender aceite en la provincia de Mino, teniendo la casa comercial llamada Yamazaki, y adquirió el apodo de Mamushi Dosan, o serpiente Dosan, por su astucia maquiavélica. En esa época, Japón estaba siendo atormentado por una brutal guerra civil, y la situación era tan caótica, que los vasallos aprovecharon el desorden para desplazar a sus amos. Este fenómeno se llamaba "gekokujo" (bajo oprimiendo al alto). Dosan fue un perfecto ejemplo de esa tendencia. Él fue distinguiéndose notablemente sobre el señor de la localidad, Masayori Toki, hasta que un día se apoderó del castillo. Su estrategia era bastante mañosa y astuta, como indica su apodo, Mamushi Dosan. Él usurpó gradualmente la autoridad de la familia que le había favorecido, y se instaló como nuevo señor. Fue muy de su estilo ir cumpliendo su objetivo a través del maquiavelismo, en lugar de usar las armas.

Sin embargo, Dosan tuvo un punto débil. Aunque él se había apoderado del Castillo Inabayama, y dominó la región de Mino, no tuvo un sucesor apropiado. Hasta el final, él había intentado una serie de estrategias, como el matrimonio por conveniencia, entre su hija y el prometedor jefe militar Nobunaga Oda. Pero irónicamente, al final fue muerto en la batalla contra la fuerza de "su propio hijo", Yoshitatsu. En realidad, este joven tenía sangre del señor que había sido echado del castillo. En este sentido, si bien Dosan consiguió una enorme riqueza, los últimos años de su vida fueron muy penosos. Murió en 1556 cuando tenía 63 años.

En cuanto a Osano, cuando tenía 18 ó 19 años, tuvo que cargar con severos problemas, que casi lo matan. Fue entonces cuando el espíritu original de Osano fue reemplazado por el de Dosan Saito. En ese momento, Osano debe haber sufrido un cambio total en su interior.

"Realmente, ¿será posible que se vaya su propio espíritu y venga el de otro para quedarse?" Muchos de mis lectores tendrán esta duda. Pero es absolutamente verdad.

En ocasiones, al haber sufrido mucho hasta casi morir, una persona sale completamente diferente a la de antes. Esto se debe a que un espíritu fue cambiado por el de otro. Incluso, hay casos en que el espíritu ajeno se apodera del cuerpo de uno, cuando esa persona pierde el conocimiento a causa de una fiebre alta o algún golpe. Y cuando un mal espíritu de nivel bajo hace posesión, tenemos el fenómeno conocido como "posesión de zorro." Pero cuando uno es poseído por un espíritu que tiene una misión, llega a mostrar un gran poder, como en el caso de Osano.

Dosan hizo primero su fortuna como vendedor de aceite. E interesantemente se dice que después de la guerra, cuando todavía el petróleo se sometía al sistema de racionamiento, Osano consiguió el petróleo a través del mercado negro, e hizo grande su compañía de un golpe. Su actitud mostrada hacia la venta de petróleo fue, sin duda, "estilo Dosan".

Protección del dragón negro

Más tarde, Osano conoció al futuro primer ministro, Kakuei Tanaka, aunque en ese entonces éste era un simple parlamentario. Tanto Osano como Tanaka, fueron creciendo en los mundos económico y político respectivamente, hasta ser reconocidos como superinfluyentes. Su vínculo con Tanaka, constituyó uno de los motivos para ser llamado "hombre político de negocios". Es algo parecido a la manera en que Dosan conoció y ganó el favor de la familia noble Toki, de la prefectura de Guifu. Evidentemente, Osano comparte el estilo Dosan.

Dosan empezó de la nada y llegó a ser un señor de un estado feudal. Él ha sido temido como un estratega terrible por las generaciones posteriores, pero después de su muerte, se sometió al riguroso entrenamiento en el Mundo Divino. Parece ser que Osano fue descendiente de Dosan por parte de su madre, y quizá por eso pudo renacer en nuestra época en el cuerpo de Osano.

El espíritu original de Osano tenía un aspecto frágil, y su inteligencia de nacimiento no era nada comparable con la de Dosan. Pero, una vez que cambió de espíritu, se volvió muy lúcido mentalmente, y adquirió un carácter perseverante. Luego, empezó a establecer conexiones políticas, y siguió aumentando vigorosamente su fortuna.

Y, desde entonces, Osano gozó de la asistencia de dos dragones negros que habían protegido a Dosan. Además, tuvo apoyo de una serpiente y dos zorros Inari, y a veces se le presentó el dios dragón dorado. Los dragones negros son manifestaciones de los dioses O-kuni-nushi-no-mikoto y Sukuna-hiko-no-mikoto, cuyo poder es inmenso. Ellos

ASÍ SE MANEJA UN DINERAL

aparecen especialmente cuando el país se encuentra en una situación confusa, despliegan un fuerte liderazgo y atraen una gran suerte económica y política.

Podríamos reflexionar con qué objetivo Osano llamó al espíritu de Dosan en nuestros días. Cediendo a los historiadores de generaciones posteriores los estudios sobre qué mérito dejó Osano a la posterioridad, aquí sólo he explicado su fondo desde el punto de vista puramente espiritual.

Cabe señalar que, tanto dragones negros como dorados, sólo poseen a tan grandes hombres que puedan decidir la suerte de la historia. En la vida anterior de Dosan Saito, fue un miembro del clan Abbas, siendo un general que conducía las fuerzas militares y que logró derrocar a la dinastía Omeya del período temprano (661-750) de califa, el entonces dominante en Medio Oriente, en el siglo VIII.

Como mencioné antes, para ser preciso, Osano no fue una reencarnación de Dosan Saito, sino que el espíritu original de Osano fue reemplazado por el de Dosan. Al observar esta situación espiritual, se puede entender que su relación fue más fuerte que el enlace normal que hay entre la vida anterior y la presente.

Si Osano viviera ahora, no diría: "Yo soy Dosan Saito", pero no cabe duda que Osano pensaría y actuaría al estilo muy de Dosan, más que subconscientemente, emitiendo el poder espiritual. Su porte, su mirada, su artería, su manera de caminar... serían la imagen exacta de Dosan y su forma de ser, hace 400 años.

Toshio Doko

Toshio Doko fue una de las figuras más prominentes del mundo económico de Japón, antes de su muerte en 1988.

También fue conocido como devoto creyente del poder del Sutra Loto. Sobre él hay numerosas anécdotas, las cuales se pueden resumir de la siguiente manera:

1. Estilo de vida muy austero
2. Vida bien ordenada
3. Vigoroso aún después de los 80 años
4. Vivió siempre con entusiasmo e invirtió toda su fortuna en actividades educativas.

Es decir, Doko llevó habitualmente su vida como la de un sacerdote budista que se somete a las austeridades espirituales. Se abstuvo de lujos y no tuvo muchos deseos por posesiones materiales. Acumuló esfuerzos diariamente, y trabajó tan duro que los espíritus llegaron a querer alentarlo, diciendo: "¡Ánimo!", "¡Excelente!". Por su honestidad, su firmeza de carácter, característica de su generación, o quizá por su vitalidad, no sé exactamente por qué, pero de todos modos, Doko tuvo un enorme magnetismo personal.

Yo intuí que él debía haber tenido una asombrosa vida anterior y la examiné. Resultó que su nombre era Michitsuna Fujiwara, aristócrata del período de Heian (794-1185). En esa época, Fujiwara era la familia más prominente en el país, y en la historia de Japón aparece muchas veces el ilustre apellido Fujiwara. Pero Michitsuna no ganó tanta fama como los otros Fujiwara, con la excepción de haber aparecido su nombre en la obra literaria titulada *Kaguero Nikki* o *Diario de Cachipolla*.

Michitsuna (955-1020) fue un funcionario público que vivió a mediados del período de Heian. Según el diccionario biográfico, fue subiendo de rango, y luego de haber caído enfermo, llegó a ser un religioso budista, pero falleció pocos días después, a los 65 años. Es toda la información sobre él.

Aunque estuvo muy cerca del centro de la autoridad, la descripción de su vida es muy simple. Se me viene la imagen de un Michitsuna que se entrega en el trabajo con constancia y mucho ahínco, por lo que no habrá tanta desigualdad al traslapar las imágenes de los dos.

Pero esto no es suficiente explicar la relación entre Michitsuna y el nichireísmo, fuente del poder espiritual de Doko. No puede ser que Minchitsuna haya sido devoto creyente de la secta Nichiren. Pero algo que me suena familiar, es que Michitsuna haya abandonado la casa para hacerse religioso budista unos días antes de su muerte. Es decir, hasta inmediatamente antes de morir, fue un lego budista. Eso trae a mi mente la imagen de Doko, que tuvo mucho ardor por los negocios mundanos aún creyendo en el Sutra Loto. En realidad, en la inmediata vida posterior de Michitsuna, fue arzobispo francés, luego aristócrata inglés, y finalmente nació como Toshio Doko, en Japón. Pero desde un poco antes del kanreki (61 años de edad), la conciencia de haber vivido como japonés, empezó a manifestarse en su interior.

Doko fue a veces referido como "Nichiren vivo", y, en un sentido, es acertado. Ya que el espíritu de Nichiren descendía sin falta una vez al día para alentar a Doko. En ocasiones, Nichiren hacía su aparición cuando Doko pronunciaba la oración "Namu Myoho Rengue Kyo", lo cual era su tarea diaria, y en otras ocasiones le indicaba secretamente el camino a seguir, cuando él tenía que tomar alguna decisión en los negocios o en su vida.

Penalidades entre los 54 y 58 años

Doko nació en 1896, y cuando tenía 80 años él era, física y mentalmente, mucho más joven que sus contemporáneos. La mayoría de los hombres alcanza su máximo nivel en dichos aspectos entre los 20's y los 30's, y en este período muchos genios sobresalientes hicieron su gran obra. Pero en el caso de Doko, no hubo pérdida de vitalidad a finales de dicha etapa, y hasta su muerte continuó mostrando por su trabajo el entusiasmo de un joven de la edad de los 20's. Una de las anécdotas más conocidas de él, es que, cuando era ejecutivo de la Industria Pesada Ishikawajima-Harima, estableció el récord de no haber faltado ni haber llegado tarde a trabajar durante 40 años. Esto muestra su firme voluntad, vigor y gran tenacidad.

Se podría decir que su salud fue concedida por el cielo, pero a la vez fue la que el propio Doko consiguió. Diariamente, después de haber terminado la oración de Sutra Loto, él empezaba un nuevo día. El tiempo que dedicaba Doko al rezo era pequeño, si consideramos sus enteras 24 horas del día. Pero su grandeza consistió en hacerlo con toda sinceridad sin faltar ni un día. Aunque uno quiera imitarlo, no es nada fácil.

Antes en este libro, expuse que si uno se entregaba a algo con todo ahínco por tres meses y llevaba la vida de acuerdo con las reglas estrictas, podría hacer florecer el talento para lograr la suerte de promoción y la de la fortuna. Pero en el caso de Doko, lejos de ser tres meses, trabajó duro todos los días, aún pasando de los 80 años. Acumuló tantos esfuerzos que era natural que él tuviera la llave para decidir la suerte monetaria y financiera de Japón.

Pero, sería un grave error creer que su vida fue completamente favorable en todos los aspectos. Efectivamente, igual que nosotros, tuvo problemas y sufrió (aunque sus problemas fueron de escala diferente a la nuestra).

Parece ser que especialmente entre los 54 y 58 años, Doko tuvo un período duro. No sé si él haya estado preocupado, pero sufrió varias dificultades. En ese tiempo hubo un gran cambio en su interior, y ha de haberse despertado de algo. Ya que precisamente desde entonces, el espíritu del Santo Nichiren empezó a descender para visitar a Doko, una vez al día, para prestarle su apoyo.

Puede ser un poco impertinente decir esto, pero quisiera presentar las palabras que el Santo Nichiren dio a Doko, aunque éste ya se había dado cuenta. "Ten fe firme. Persevera hasta el día de tu muerte. Al retar lo imposible, se te concederá la fuerza divina."

Así Nichiren dijo aún a Doko, quien se esforzaba asiduamente, día a día. Así es que nosotros debemos trabajar mucho más, con ahínco, para ir por el camino de Perfecta Unidad con Dios.

Fe en el Sutra Loto

El número de células del cerebro ya está determinado cuando uno nace, y la clave para estimular las actividades mentales, consiste en enlazar lo más posible estas células. El cerebro de la persona inteligente está lleno de arrugas en su superficie, y sus células en conjunto están muy vivas.

Como no soy experto en el cerebro, no conozco su mecanismo con detalle, pero puedo asegurar que no hay ningún empresario lento de inteligencia, que dirija una compañía próspera. Aunque tengan edad avanzada, son muy vigorosos físicamente también. Por ejemplo, Konosuke Matsushita declaraba que iba a vivir hasta 120 años. Doko también fue enérgico aún después de los 80 años.

¿Por qué será así? Podríamos pensar que es por la fuerza de la fe o de las convicciones. Especialmente, en el caso de Doko, sus creencias se basaban en el poder del Sutra Loto, y a la vez, su poder fue la fuente de su salud y de todo. Asimismo, su idea sobre la vida era "vivir por la gran justicia", por lo que deseándolo o no, él llegó a recibir apoyo total de parte del Mundo Espiritual.

Parece ser, que las ondas espirituales del Mundo Espiritual, y la fuerza de concentración mental, en conjunto, activan las células del cerebro y del cuerpo entero. Dicen que decenas de miles de células cerebrales de un adulto mueren al día, pero si se activan más de las que se llegan a perder, no hay problema alguno; y este fenómeno se puede atribuir al extensivo efecto espiritual de la fuerza de la fe, las convicciones, la concentración y del espíritu investigador.

Es decir, propiamente, según las reglas de la naturaleza, el cuerpo y el cerebro humanos envejecen, pero a través de la fe pueden rejuvenecer. Se trata, nada más y nada menos, de un milagro en que lo imposible se convierte en lo posible.

A propósito, cuando Doko vivía en este mundo, una vez me tomé el atrevimiento de ver, a través de los ojos espirituales en qué nivel se encontraría él en el Mundo Espiritual después de ascender al cielo. Quizá fue algo imprudente haberlo hecho a quien perseveraba con tanta asiduidad, pero quisiera presentar el resultado, esperando que sirva de estímulo para mis lectores.

En aquel día, el 28 de octubre de 1986, según lo que vi, su nivel espiritual se encontraba en el segundo nivel del paraíso, cerca de la entrada del primer nivel del mismo. Faltando poco para alcanzarlo. Si tuviera un poco más de amor, aparte de sus convicciones, podría entrar al primero en seguida.

Pero aprovechando esta ocasión de revisar este libro, me permito presentar la nueva versión, puesto que Doko ya falleció. Investigué la situación de Doko después de su muerte, contando con la ayuda del dios del otro mundo, y resultó que, por sorprendente que sea, él se encontraba sentado en frente del Palacio de la Dieta, y decía desde atrás al oído de cada uno de los parlamentarios: "¡Despiértate! Piensa en el futuro del mundo". Según Doko, esta situación durará por lo menos tres años, y algo importante se concretará en cinco años. Al preguntar a dicho dios sobre Doko, me dijo que en 25 años, él llegaría al verdadero Mundo Espiritual, y alcanzaría la máxima categoría del segundo nivel del Reino Espiritual, donde se dedicaría al entrenamiento durante 50 años, y después de haber aprendido la divinidad, la eternidad y la nirvana, entraría en el primer nivel del Reino Espiritual.

Sus pensamientos, a la hora suprema de su muerte, parecían ser varios: "Lo que vaya a pasar después de mi muerte, me tiene sin cuidado", "aunque me muera, deseo continuar el trabajo de reforma política con el que no cumplí totalmente", y, "quiero contribuir a la formación de los hombres que sirvan a la nación". El Reino Espiritual es el mundo a donde van los que fueron líderes de la sociedad, y el primer nivel de dicho reino, es el supremo paraíso de sombra al que llegan los que formaron a los grandes hombres, y los santos, es decir, es el lugar a donde se dirigen los ángeles sobresalientes en inteligencia, valor, convicciones y virtud.

Aunque hasta ahora he narrado de esta manera, tal vez mis lectores no podrán creer la examinación que hice sobre la vida anterior. Puesto que esto puede conmover a la gente sólo cuando se logra atinar correctamente con hechos. Hay personas que llegan a emocionarse tanto, que las lágrimas corren por sus mejillas. Si no se tiene realmente esta experiencia, no se sabrá con qué criterio se puede juzgar si es correcto o quimérico, o bien un engaño. Si es así, no traten forzosamente de creerlo, sino tómenlo como si leyeran a la ligera una novela de ficción.

Asistencia de Doko para la educación

Quisiera mencionar otro punto en común entre Doko y Michitsuna Fujiwara, citando la Escuela Femenina Tachibana, en donde su propia madre tomó el cargo de directora. Esta academia tiene como fundamento las enseñanzas de Nichiren, y la mayor parte de la fortuna personal e ingresos de Doko, fueron destinados a la administración de este colegio.

Si esto fuera todo, se calificaría a Doko simplemente como un hombre muy ferviente en la educación. Pero tengamos presente la afinidad espiritual con su vida anterior, Michitsuna Fujiwara, cuya madre fue Tomoyasu-no-musume Fujiwara, autora de *Kaguero Nikki*. Ella fue una de las señoras de Kaneie Fujiwara, quien en ese tiempo era Kampaku o virtual dictador del gobierno, y tuvo un hijo (Michitsuna) con él. Pero al ver que los hijos de la esposa oficial Tokohime-no-ko (entre los cuales se destaca Michizane - una de las figuras más famosas en toda la historia de Japón) ascendían en el mundo, ella sufrió como mujer y madre. En la obra *Kaguero Nikki* están descritos sus sentimientos.

Por eso podemos encontrar relación entre la obra literaria de la madre de Michitsuna y la Escuela Femenina Tachibana, en donde la madre de Doko desempeñó el papel de directora. Se podría decir que es una coincidencia sutil y significativa entre la vida anterior y la presente.

A propósito, el número de espíritus que protegían a Doko, alcanzó 7,000 en su momento culminante. Aún cuando él se dedicaba a la labranza de su jardín, alrededor de 100 espíritus guardianes estaban a su lado. Doko era como un señor feudal que contaba con 7,000 asistentes militares, que acudían a él en los momentos necesarios. Además, un dios dragón blanco lo protegía, y por eso Doko desempeñó un papel tan importante como para decidir la suerte financiera a escala nacional.

Los dragones blancos son la esencia del agua conglatinada que tomó una figura tangible. Su función no es simplemente juntar una gran cantidad de dinero, sino también controlar la economía en su conjunto. El Templo Sumiyoshi Taisha en Kansai, por ejemplo, está dedicado a un dragón blanco, que muestra su poder desde ahí.

Cabe señalar que los dragones blancos sin alas que descendieron a la tierra, son dioses serpientes blancas, quienes amparaban a Konosuke Matsushita y le atraían la fortuna. Desafortunadamente, las serpientes blancas no poseen el mismo poder y escala que los dragones blancos. Pero a veces las personas que empiezan de la nada, necesitan su asistencia. En el caso de Matsushita, cuando tenía 72 años de edad, empezaron a protegerle dioses dragones blancos y otros poderosos del Mundo Espiritual, además de las serpientes blancas. Supongo que fue entonces cuando Matsushita intensificó su sinceridad y la conciencia de su misión hacia Japón.

Akio Morita

Sony se ha vuelto la marca más conocida en el mundo, como fabricante de productos audio-visuales. Masaru Ibuka, co-fundador de Sony ya se ha retirado del trabajo activo, aunque todavía tiene el título de presidente de honor. Consecuentemente, Morita es quien toma virtualmente el mando de la compañía. Morita nació en 1921, y todavía le faltan varios años para seguir desarrollando vigorosas actividades. Por esta razón, no quiero entrar en demasiados detalles sobre él, pero será útil para mis lectores conocer un poco la vida anterior de una persona que representa a Sony, más bien, a Japón, siendo líder de una gran empresa.

En su vida anterior, fue un almirante que luchó contra las fuerzas militares británicas hace aproximadamente 200 años, en el tiempo de la guerra de independencia de Estados Unidos. Desafortunadamente, en el diccionario biográfico que tengo a la mano no aparece su nombre, pero según mi pobre conocimiento, fue John Paul Jones, dirigente de la marina en sus primeras facetas, quien desplegó una gran actividad como hombre valiente y versátil, contra la armada inglesa "soberano de los siete mares".

Francamente, no sé qué relación hay entre el sonido y las fuerzas navales. Sólo encuentro una sutil coincidencia con que la vida anterior del gran inventor Masaru Ibuka, fue de aristocracia. Como no conozco bien la personalidad de Ibuka ni de Morita, no puedo atreverme a afirmar más de lo que he mencionado.

Sin embargo, los Estados Unidos, la nación más poderosa en la actualidad, no fue más que una de las colonias británicas en aquel tiempo. Aunque los colonos hayan declarado su independencia, tuvieron que enfrentarse con el país enemigo, que fue su nación de origen y, a la vez, fue el orgulloso imperio de las fuerzas navales y militares más vigorosas del mundo.

El acontecimiento de independencia de los Estados Unidos y las actividades empresariales de una compañía japonesa, son diferentes en sus dimensiones. Pero, pienso que la postura de retar intrépidamente las áreas desconocidas (independencia y explotación de los Estados Unidos, por un lado, y los aparatos de sonido, por el otro) se debe al poder de subconciencia que proviene de la vida anterior. Espero sinceramente que las actividades de Morita a desarrollarse hacia el futuro sean aún más resplandecientes.

Soichiro Honda

Entre los hombres, en el campo económico, uno de los que más se ha beneficiado de las virtudes de su vida pasada, es Soichiro Honda, manufacturero de motocicletas y automóviles. Nunca lo he visto personalmente ni trabajado con él, pero sé que su escala y manera de pensar son tan grandes como para trascender las fronteras.

Al ver que en su vida anterior fue el famoso Capitán James Cook, se entenderá la razón.

Cook (1728-1779) nació en inglaterra en una familia agrícola pobre.

La Gran Bretaña de aquel entonces estaba en vísperas de la revolución industrial.

Cuando Cook tenía 27 años, entró en la marina, lo cual constituyó un motivo para mejorar su destino. Él era sobresaliente en la técnica náutica, por lo que fue elegido como piloto. Respondiendo a la esperanza que le fue depositada, descubrió muchas islas en tres grandes navegaciones. Especialmente en la segunda, ya que logró llegar por primera vez al círculo polar antártico, y encontró la Nueva Caledonia, las Georgias del Sur y muchas otras islas. Asimismo, él descubrió también las islas Hawai, que originalmente eran conocidas como islas Sandwich.

Con estos méritos, llegó a ser considerado como pionero de la exploración científica y uno de los exploradores más grandes de Inglaterra. Pero, desafortunadamente, tuvo conflictos en Hawai con los nativos, y fue muerto ahí mismo en 1779.

Ciento y tantos años después, el Capitán Cook renació como Soichiro Honda. En realidad, había otros dos o tres candidatos que le sucederían en su misión, pero finalmente fue elegido Honda.

Para conocimiento de todos, Honda empezó con un pequeño taller en la ciudad de Hamamatsu e hizo una compañía mundialmente reconocida. Su milagroso éxito se puede atribuir a su manera racional de pensar, y la postura de seguir desafiando el mundo desconocido.

No puedo dejar de considerar que la vida de Cook está reflejada marcadamente en la de Honda, y que la conciencia de ser explorador, depositada en la subconciencia en la vida pasada, hace que Honda rete lo desconocido. En mi mente a veces se traslapan las imágenes del Capitán Cook con su mapa de navegación, y Honda trazando líneas en un dibujo.

Efectivamente, Honda heredó progresiva y positivamente del Capitán Cook, el espíritu de la obra a la que él se había consagrado, aunque son diferentes áreas. Por eso, contando con las virtudes de la vida anterior, la suerte de Honda mejoró enormemente. Si continúa desafiando a lo desconocido sin abandonar su espíritu investigador, su suerte nunca se acabará, mejor dicho, crecerá vigorosamente más y más.

Lo que me interesa de Honda en relación a su vida anterior, es la afinidad espiritual entre Inglaterra y su compañía del mismo nombre. Hoy en día, Honda estableció su propia posición también como fabricante de automóviles y, asimismo, llegó a ser manufacturero de máquinas agrícolas de considerable importancia. Pero originalmente, Honda hizo su nombre con la producción de motocicletas, y en esta rama todavía sigue siendo líder en el mundo.

Uno de los eventos clave que condujeron a Honda a abrir el camino para llegar a ser el campeón en el área de motocicletas, fue la victoria en la carrera de motocicletas en la isla Man. Como es de su conocimiento, la isla Man pertenece a Gran Bretaña. A unos años después de su fundación, con el triunfo en la competencia, en dicha isla, Honda obtuvo la buena suerte de empezar a ascender rápidamente, para llegar a ser el fabricante más reconocido del mundo. Aún ahora, Honda tiene una profunda relación con Inglaterra, realizando en conjunto el desarrollo de vehículos y su producción local en el mismo país.

Teniendo como trampolín la carrera de la isla Man, Honda extendió activamente sus actividades en el extranjero e inició su producción local, como si se reprodujeran las actividades del Capitán Cook, quien conquistó los siete mares. Puedo ver que la huella del temperamento del Capitán Cook se activó de esta manera en la subconsciencia de Soichiro Honda.

Bueno, he mencionado varias cosas sobre la vida anterior de Honda como Capitán Cook, pero, naturalmente, sus espíritus guardianes no pueden ser ignorados cuando se considera su vida.

El núcleo de protectores espirituales de Honda son tres Bishamonten. Es decir, son Zuiko Bishamonten, Eiitsu Bishamonten y Sakko Bishamonten. Como usted recuerda, Bishamonten es el dios que elimina el mal y promueve el bien a través de una poderosa estrategia e inteligente táctica. Como Honda ha sido apoyado por estos tres Bishamonten, contando con el espíritu investigador heredado de su vida pasada, ha sido verdaderamente afortunado. Además, su filosofía empresarial "servir a la gente del mundo", contribuyó al rápido crecimiento de su compañía realizado con una fuerza irresistible.

Cabe mencionar que Honda tendrá un gran cambio interior alrededor de los 83 años. Es mi predicción como investigador del espíritu. Pero no se sabe de qué se tratará hasta que llegue el momento.

(Nota editorial: Konosuke Matsushita falleció en 1989 y Soichiro Honda, en 1992. Que descansen en paz.)

Capítulo 4 _____

Secreto para adquirir el poder espiritual

Estrellas de la buena fortuna

Dinero vivo y dinero muerto

En este mundo habrá muchas personas quienes piensen que la fortuna monetaria significa sólo ahorrar dinero. Ellos trabajan mucho, y ahorran y ahorran para aumentar la suma de su estado de cuenta bancaria. Pero cierto día, cuando se sienten contentos por haber acumulado tanto dinero, podrían morir de repente, y finalmente el dinero de su cuenta quedaría en el banco, sin que hubiera beneficiario. Parece un cuento de chiste, pero esto podría suceder realmente.

Si fuera así, ¿para qué trabajaron y ahorraron tan penosamente? El mismo acto de ahorrar, se convirtió ya no en medio sino en objetivo y no hicieron valer el dinero. Se trata del típico dinero muerto.

Si se tiene la cuenta en un banco de Japón, estaría menos mal. Porque, por ejemplo, en los bancos suizos se cobra una comisión por apertura de cuenta, y si se deja una pequeña cantidad de dinero en esa cuenta, disminuye el monto, en lugar de aumentar con intereses. ¡Qué sistema tan terrible!

El dinero es para utilizarse. Si se ignora este principio no se podrá lograr la fortuna monetaria. En el capítulo 1 expliqué la manera correcta de usar el dinero. Pero una vez más, quisiera enfatizar que el dinero vivo es el que se gana de esa manera, y se usa para la felicidad de sí mismo y de otras personas. El dinero conseguido haciendo infeliz a la gente, o gastarlo de modo similar, es un tabú.

Es muy bueno trabajar duro y ahorrar el dinero. Y una vez que se acumule una cantidad suficiente, utilícenla eficientemente de una vez, como si dejaran salir resueltamente el agua de una presa. Es bueno no guardar demasiado ni gastar excesivamente. Es importante poder usar la cantidad necesaria cuando se requiera, como el agua guardada en una presa. Bueno, esto es muy lógico, pero...

A propósito, ¿saben cuál es el "verdadero dinero"? El dinero puede ayudar y a la vez dañar a la gente. Pero el "verdadero dinero" trae felicidad a las personas, hace circular las cosas y sirve como fuente de alegría del Mundo Espiritual. Aunque se trate de una pequeña cantidad de dinero, como 10 ó 100 yenes, el Mundo Espiritual puede estar contento y actuar, si es que es un verdadero dinero. En cambio, hay casos en que así se llegue a apilar un billón de yenes, no es nada útil, ni para la gente, ni para las cosas, ni para el Mundo Espiritual.

Y si tratamos habitualmente de ganarlo y usarlo con toda sinceridad, aunque sea un yen, pensando sobre el valor del dinero, de dicha manera lograremos, sin darnos cuenta, la fortuna conforme al deseo del Mundo Espiritual y llegaremos a ser personas que cumplen con su deseo.

El espíritu debe ser lo principal, y la materia, lo secundario. Es decir, si el uso del dinero se controla con un corazón puro, ese dinero merece ser llamado verdadero.

Ahora me preguntarán por qué me he espaciado en estas cosas. La respuesta es que quisiera que tuvieran, por lo menos, esta actitud hacia el dinero antes de pedir su deseo a las estrellas que les traerán la buena fortuna monetaria.

Buenas vibraciones desde las estrellas

Los que ya leyeron mi libro *Suerte*, sabrán que las estrellas tienen una estructura en tres niveles. Son: el Mundo Material que podemos ver físicamente, el Mundo Espiritual donde viven los espíritus y el Mundo Divino, que es el reino de la dimensión más alta en donde residen los dioses. En el sistema solar, que incluye desde el sol hasta Plutón, todas las estrellas son habitadas por los espíritus y dioses. Desde luego que en otro sistema estelar también existen los espíritus. La Tierra no es una excepción, pero la diferencia con otros planetas es que habitan los espíritus que tienen cuerpo, o sea, los seres humanos.

Según el dios del Universo, hay otros tres cuerpos celestes en que se encuentran los seres vivos que poseen cuerpo igual que en la Tierra. Se llaman estrellas Kotan, Hokutan y Chigaku, pero desconozco sus nombres científicos. Entre ellos, parece ser que en las estrellas Hokutan y Kotan, residen seres parecidos a los hombres. Cada vez que aparece el anciano Sumiyoshi como dios-persona en nuestro mundo, él realiza su traslado momentáneo desde la estrella Hokutan. Según escuché del dios del universo, en esos planetas residen seres como ermitaños y la población es de 30 mil. En la estrella Kotan, habitan los ancestros de los hombres de Neanderthal. Su número de habitantes es 100 mil, y está a mil millones de años luz de la Tierra. Y la estrella Chigaku es el planeta donde se encuentran el bien y el mal, y habitan seres vivos que son la existencia medio material y medio espiritual. Su población alcanza mil millones. Todos los extraterrestres y OVNI's (objetos voladores no identificados) que llegan a la Tierra, parten de la estrella Chigaku y regresan a la misma. Ellos no son dioses ni hombres, y actúan como algo parecido a Tengu (duende que tiene la cara roja y la nariz larga) o dragón, teniendo como bases intermedias a varios planetas. El mundo donde viven ellos es el semimaterial, o algo por el estilo, y su civilización, por decirlo así, está de 500 a 600 años más avanzada que la nuestra. Las vibraciones espirituales que provienen de la estrella Chigaku son demasiado violentas, por lo que yo no recomendaría nunca tener contacto con ellos. A mí me han invitado varias veces a que me comunique, pero me he disculpado atentamente por no aceptarlo. Se puede decir, sin temor a equivocarse, que cuanto más tenga uno comunicación con ese planeta, más se trastorna uno. Porque no son verdaderos dioses ni espíritus. Es como si fuera un mundo de Tengu moderno. Bueno, parece que caí en el mundo de la ficción científica, pero si no lo creen, es mejor. Ya que es la conclusión de los que han investigado durante largos años estos fenómenos.

A propósito, el espíritu es capaz de responder mutuamente al cuerpo físico, otros espíritus y hasta con dioses, a través de vibraciones espirituales, por lo que nosotros también podremos gozar del enorme poder de los dioses que viven en las estrellas si nos sometemos a los estudios y al riguroso entrenamiento espiritual.

Bueno, en realidad, es posible percibir dicho poder y sacar provecho de él sin realizar estudios ni entrenamientos especiales. Entonces, ¿cómo? Hay que creer. Y, ¿en qué? En la estructura en tres niveles de las estrellas, así como la existencia y el poder de los dioses y espíritus que viven en ellas.

De hecho, las personas que tienen una sensibilidad espiritual aguda, pueden ver llegando a la Tierra varios tipos de vibraciones de la fortuna que vienen de cuerpos celestes. Son parecidas a los rayos del sol y de la luna que bañan el globo terráqueo. Si difícilmente las sienten, eso significa que están nublados espiritualmente, pero eso no constituye la gran causa de ser pesimistas.

No es muy necesario poder verlas. Lo importante es creer. ¿Por qué el horóscopo atina tan acertadamente las cosas? ¿Cómo pueden penetrar las 28 constelaciones en la vida humana? Y, ¿por qué razón el horóscopo chino, conocido en Japón como "shichusuimei", acierta muy agudamente el carácter, la constitución física, el gusto, los hechos del pasado, el presente, el futuro, etcétera? Todo esto es la síntesis de la extraordinaria acción del mundo estelar hecho conforme a las experiencias, o el resultado obtenido a través de la acumulación de los serios estudios de las personas espiritualmente sensibles, quienes recibieron la revelación directa de los dioses de las estrellas.

Estos se pueden comparar con el surgimiento y la historia de la adivinación china. Si el mundo estelar no tuviera el sistema espiritual que he mencionado, el horóscopo, las 28 constelaciones y el "shichusuimei", serían puras mentiras. Al creer en ellos no hay ningún efecto pernicioso, por lo que les recomiendo ampliamente que se convenzan de ellos, que atraigan la fortuna monetaria practicando la manera correcta de ganar y usar el dinero que he explicado en este libro. Su resultado se manifestará naturalmente.

En seguida, veamos las vibraciones espiritules de la fortuna monetaria emitidas por cada una de las estrellas.

Sol

Del sol se genera el poder general, incluyendo la fortuna monetaria. Básicamente, su concepto es: "Seamos sanos y obtengamos la fortuna trabajando animosamente". El sol es el centro del sistema solar y la fuente de energía de todos los planetas y otros satélites de este sistema. Cuando necesiten mucha fuerza para emprender algo, es bueno recibir las vibraciones espirituales del sol. Así podrán lanzarse positivamente para cualquier cosa.

Para enviar el "sonen" al sol, utilicen el "llamado de poder" pronunciando 11 veces continuamente: "Amateratsu Omikami". Aún en la noche cuando no hay sol, el "sonen" llega seguramente al Mundo Espiritual del Sol si lo hacen teniendo la imagen del sol que luce esplendorosamente.

Mercurio

Es el planeta que emite las vibraciones espirituales que traen consigo la fortuna monetaria, a medida que uno se esfuerza o se entrega en algún arte. Los nuevos modelos de Nissan y Toyota existen en Mercurio. Asimismo, los resultados de diversas investigaciones que se van a obtener en la Tierra ya están en Mercurio. Se podría decir que Mercurio es para ingenieros y artistas más refinados.

Venus

Venus y dinero son casi sinónimos, ya que en caracteres chinos Venus literalmente significa estrella de oro. Por eso mucha gente siente instintivamente deseos de adorar con fervor este planeta, y esta emoción es honesta y natural. Venus es la sede del dios dragón dorado, y de aquí viene el dios protector del pueblo judío, Yahvé. Asimismo, en Venus hay un lugar especial, conocido como Palacio del Control Financiero, que funciona como centro de la política monetaria, estrategia empresarial y finanzas nacionales. Es el "emisor" de la fortuna monetaria de Venus.

La fortuna derivada de este planeta no es una cantidad a medias. Lo cual se entiende al observar la imagen del gran dragón dorado. Se trata de la fortuna a tal grado, que decide la dirección de una nación o del mundo entero. Además, este tipo de fortuna es atractiva para la gente que aspira al poder, por lo que es apropiado para los políticos así como para los médicos.

A propósito, cuando actúa Venus, sucede una gran revolución religiosa. Por ejemplo, Moisés, Buda, Jesucristo y otros líderes religiosos han tenido éxito al haber sido guiados por Venus, y, actualmente, ellos residen ahí.

Marte

Marte es conocido como estrella de fuego. A la vez, es el símbolo de la lucha. Esta estrella está llena de energía ardiente como flama e impetuoso poder de ataque, y nos trae la fortuna de acuerdo con sus características astronómicas.

Cuando se tiene que vencer a los rivales o cuando se quiere vigor y entusiasmo, las vibraciones de fortuna de Marte son las más apropiadas. Pero el tipo de buena fortuna que se concede por Marte, no es para salir adelante a pasos agigantados, es decir, a través de Marte no se pueden conseguir 100 millones o 1000 millones en seguida. Pero con ella se puede obtener la cantidad que va conforme al esfuerzo. Yo recomiendo ampliamente a los deportistas profesionales, vendedores y otros involucrados en tales actividades, que acudan al poder de Marte.

Júpiter

Júpiter es el planeta que representa la prosperidad y el desarrollo. Básicamente, su forma de producción aporta un buen ingreso. Por lo tanto, es el responsable para la prosperidad empresarial.

Asimismo, Júpiter ayuda a artistas a ganar dinero y les atrae a los buenos patrones. Asegúrense de aprovechar la fortuna que ofrece el Mundo Espiritual de Júpiter cuando deseen hacer dinero motivando a la gente.

Como expliqué detalladamente en mi libro *Suerte*, en esta estrella reside la "princesa dorada", quien concede fondos militares en los momentos más importantes. Mi compañía World Mate organiza "recorridos astrales" que lleva a los participantes a Júpiter. Desde luego que no se van físicamente a ese planeta. De los cuatro espíritus, sólo el espíritu Kushimitama va al Mundo Espiritual Estelar, y así observamos cómo están las estrellas. Cada vez que se realiza este "recorrido", los participantes hacen la invocación en un lugar llamado "Palacio Dorado del Templo de la Plegaria". Su efecto se manifiesta en forma de gran cantidad de dinero en efectivo, a lo más pronto al día siguiente, o en unos meses a más tardar.

Saturno

Cuando Saturno se pone en acción, estalla la guerra. Por lo menos, sucedió así en las principales guerras en que

Japón ha sido involucrado en los tiempos modernos, como la Guerra Sino-Japonesa, la Guerra Ruso-Japonesa, y la Primera y Segunda Guerras Mundiales.

Esencialmente, se caracteriza Saturno por ser severo y riguroso, ya que en este planeta residen Enma, Rey del Infierno, y el dios estricto de la fortuna de Saturno, que hacen pruebas a cada época. Esta severidad se relaciona con la economía y la racionalidad, por lo tanto conduce a hacer dinero. Se podría decir que la falta de sentimientos y calor humanos es su defecto, pero exhorto a los banqueros y a otros profesionistas a los que no se les permite transigencia en el manejo de bienes, que aprovechen el poder espiritual de Saturno. En realidad, Sampo Kojin, una de las tres deidades de la fortuna monetaria que describí en el capítulo 2, es el mensajero de Saturno. Este planeta es el hogar de Sampo Kojin, que aparece por el monte Omine, otras montañas y ríos en nuestra tierra.

Vale la pena mencionar que la buena fortuna relacionada con los bienes inmuebles, como terrenos, derivan primariamente de la energía espiritual de Saturno, el cual se escribe con caracteres chinos "estrella de la tierra". La buena fortuna de Saturno es caracterizada por su rigurosidad, por lo que si se utiliza este poder conforme al principio básico de la vida humana, se conduce a la felicidad y al progreso.

Aquellos que tienden a malgastar el dinero o que desean economizar los gastos familiares, hagan invocación hacia Saturno.

Urano

Como no hay permiso de Dios, en esta ocasión me abstengo de describir este planeta.

Neptuno

En este planeta existe el Mundo Espiritual para aquellas personas que en su vida tuvieron talentos ocultos, como espiritista, adivino, etcétera. Consecuentemente, las vibraciones espirituales emanadas de aquí, ayudan a los que buscan el romanticismo y los sueños, para guiarles a la buena fortuna. Es ideal depositar el "sonen" en Neptuno para los que tienen tales profesiones como escritor, espiritista, director de cine, artistas, etcétera, y seguramente les llegará el poder espiritual. Es decir, Neptuno es la mejor estrella para las personas que hacen dinero a través de su imaginación.

Plutón

Este planeta está normalmente situado en la órbita más lejana del sistema solar, lo que puede significar el final, asociándose con la palabra "juicio".

Al categorizar las vibraciones espirituales de Plutón, de acuerdo con el concepto de profesión, corresponderán justamente al juez, quien determina claramente las cosas para ver si se trata del bien o el mal, o, de la verdad o la falsedad. Por lo tanto, en caso de desear lograr la buena fortuna a través de las vibraciones espirituales de Plutón, su efecto se manifiesta mejor si se relaciona con el campo en que se requiere la capacidad de dar juicio. Concretamente, las profesiones a las que se refiere son examinador, abogado, policía, guardaespaldas, etcétera.

Cabe mencionar que en muchas ocasiones al superar el riguroso entrenamiento espiritual de la fortuna monetaria en Saturno, se puede llegar al Mundo Espiritual de Plutón.

Luna

La luna atrae la felicidad a la gente. Pero, no pongan demasiadas esperanzas para que les toque la lotería. Bueno, bromas aparte, en la luna habita la deidad serpiente blanca quien puede asegurar el ingreso extra. Por eso, si depositan el deseo en la luna, los asalariados, los que tienen su propio negocio y los que se dedican al trabajo del servicio, podrán tener un ingreso más estable y disfrutar la vida más agradable, adquiriendo la fuerza de la serpiente blanca. Y cuando acaben de rezar a todos los cuerpos celestes antes mencionados, terminen adorando el Mundo Espiritual de la Luna. Porque él les concederá el favor con el que podrán tener todo en efectivo conforme a la función de cada estrella. No olviden este punto.

Estrella polar

El mundo de esta estrella se encuentra intensamente lleno de poder espiritual. Además, su grado de perfeccionamiento es alto, por lo que con ella uno puede lograr una fortuna firme, respaldada por el maravilloso talento y capacidad que nadie podría alcanzar.

La fortuna monetaria que aporta la estrella polar es buena en muchas áreas, incluyendo el campo académico y el cultural. Además, es extremadamente estable. Por eso, aliento a mis lectores para invocar a la estrella polar.

Ahora, quisiera mencionar una cosa. Se trata de la relación entre el sol y otros cuerpos celestes. Acuérdense que el sol es el principal y los otros son secundarios. Se podría pensar sobre esta relación en términos de vitaminas. El sol es un multivitamínico que contiene todos los elementos

importantes. En cambio, los planetas son vitaminas simples como vitamina B 12, vitamina C, etcétera. Ellos tienen el efecto original de su sencillo ingrediente. Por consiguiente, el programa de invocación debe empezar con el sol, seguido por los planetas individuales y luego la estrella polar, que tiene la función de perfeccionar altamente y hacer estables todos ellos, y por último, se debe rezar a la luna para concretar su deseo.

Bien, hasta ahora les he presentado en una rápida sucesión, el arte secreto para lograr la buena fortuna monetaria, el cual abarca los espíritus guardianes, los "Shin", "Soe" y "Hikae", las siete divinidades de la buena suerte y hasta las estrellas. Muchos de mis lectores se quejarán de que tendrían que estar orando todo el día si pusieran obedientemente en práctica todo lo que dice el presente libro. ¡Qué libro tan problemático! ¿Qué podemos hacer?

Bueno, les doy la respuesta: poner en orden el contenido de este libro. Habiendo muchas vías para obtener la fortuna monetaria, la manera más potente son los "Shin", "Soe" y "Hikae". Cuando estén ocupados, éstos son suficientes y son los más efectivos. Sin embargo, por más eficaz que sea el método, se requiere de sensibilidad aguda cuando se trata del poder espiritual o el psíquico, con relación a los dioses y espíritus. Si se cae en la monotonía, se hace por inercia o sólo queda el formalismo, la sensibilidad se embotará y el poder espiritual disminuirá rápidamente. Esta es mala consecuencia de "malacostumbrarse", de lo cual mencioné antes cuando expuse los "Shin", "Soe" y "Hikae". Por eso, pueden adorar, por ejemplo, a las siete divinidades de la buena suerte, en ocasiones, e invocar a las estrellas, en otras. Si se hace con placer y ganas, surge el efluvio del alma y será más fácil alcanzar el Mundo Divino. Esta es la manera correcta de utilizar este libro.

Si actualmente no tienen un trabajo regular, viven en la mayor pobreza o están entrampados, aconsejo que, en lugar de ver la televisión o beber, recen todo el día y practiquen todo lo que expuse, tomando éste como libro de texto. Seguramente las circunstancias que les rodean cambiarán.

Asimismo, los que se preocupan o se inquietan por dinero, pueden entregarse por completo a rezar e invocar la buena fortuna monetaria, como si fueran devotos creyentes que repiten decenas de miles de veces la oración "Namu-amida-butsu". De esta manera desaparecerán la vacilación y la ansiedad, y gozarán plenamente del sabor de la fortuna monetaria.

El maestro Fukami y yo

"Supe qué debería hacer en la vida"

Issei Noro
Músico

Conocí al Maestro Fukami justamente cuando iba a corregir la idea que tenía hasta entonces, y a desafiar mi nuevo plan.

La primera impresión con él, fue que no era un hombre cualquiera y que poseía algo que iba más allá del ser humano. Pero no es que él haya tenido una presencia rara. Aparentemente, era completamente igual a nosotros, vistiéndose de traje con corbata. No obstante, algo que emana de su cuerpo es diferente.

Siento que cuanto más toco la guitarra, más me introduzco al Mundo Divino. Esto se debe, pienso yo, a que intento expresar la realidad última a través del sonido.

Yo no abrazo ninguna religión. Pero, personalmente, percibía que el sentido verdadero de la escritura sagrada del budismo que se hizo hace 2,500 años, podría ser estudiada para que las personas modernas también puedan interpretarla.

El maestro Fukami nos explica de manera sencilla sobre el Mundo Espiritual, y nos enseña en un lenguaje simple el verdadero significado que comprenden los dioses y buda. Además, siento que el propio maestro contempla puramente la esencia del ser humano, la relación entre él mismo y el mundo, así como la interrelación entre los hombres.

Cuando el Maestro Fukami examinaba mis espíritus guardianes, él fijó la mirada en mi cara, pero no sentí que me mirara a mí, por lo que tuve una sensación muy extraña.

Él me dijo: "Su espíritu guardián ha sido Dainagon-machioka-no-shosho, quien fue un músico de primera en su época. Pero este día su protector cambió. Ahora, es Yakuomaru".

"Este día" fue precisamente el día en que decidí seriamente crear una buena música y hacer feliz a la gente de todo el mundo a través de la misma, en lugar de terminar siendo un simple ejecutante. El maestro me comentó: "Su maravillosa sinceridad se manifestó como cambio de los espíritus guardianes".

Cuando recibí su consejo, me hizo pensar que el encuentro con el maestro Fukami no era casual, y me dio una gran confianza sobre mi nueva idea.

En ese momento, tuve la sensación de que me había enseñado qué era lo que debía hacer en la vida. Además, supe la existencia de los espíritus guardianes, y que insistentemente era yo él que debía hacer esfuerzos para progresar.

"Es un maestro maravilloso"

Satoko Akiyama
Psicóloga especializada en Jung

Realmente el maestro Fukami es extraordinario. Porque no sólo posee conocimientos muy amplios sobre el mundo del espíritu humano, sino también ve claramente el mundo real. El famoso psicólogo suizo, Carl Jung (1875-1961), decía que la manera más sana para la vida del ser humano, era considerar el exterior y el interior como partes de un mundo en torno a uno mismo.

Yo pienso que el maestro Fukami hace las cosas tal como el doctor Jung recomienda, y no hace distinción entre el exterior y el interior. Es decir, él construye un puente entre el mundo real y el de fantasía, y vive en una zona armoniosa entre los dos.

"Espiritista muy alegre"

Asami Kobayashi
Actriz

El mastro Fukami me ha dado un sueño del nuevo mundo. Aunque es espiritista, no tiene aire fantasmal, y me encanta su forma de ser alegre.

"Toshu y yo somos amigos desde nuestra infancia"

Roberts Shields
Pantomimo

(Roberts Shields ha aparecido en un comercial de televisión en Japón, y es reconocido por Michael Jackson como genio pantomimo número uno en todos los Estados Unidos.)

El maestro Fukami sabe sacar el "niño" que vive en cada uno de nosotros, a través del amor. Me considero muy afortunado por haberlo conocido.

Siento que el maestro y yo somos niños amigos, y congeniamos perfectamente. Somos como compañeros de juego de nuestra niñez. ¿Qué pienso de Fukami? Él es un regalo de Dios. Él es luz intensa. Su visión trasciende de este mundo.

Para mí, más bien para todos, el maestro es el comandante supremo que crea la luz de esperanza. Con sólo estar con él me siento muy divertido. Naturalmente, él es amateur en pantomima, pero responde inmediatamente a mi pantomima improvisando con la suya propia. Podemos comunicarnos de esta manera, por encima de las palabras. No tengo a nadie más que el maestro Toshu Fukami en el mundo, con quien puedo pasar largas horas tan agradables.

Él es muy natural. Sabe controlar su cuerpo y mente a su disposición. Es realmente maravilloso. Además, él posee ojos con los que puede ver el mundo interior.

Actualmente, Japón está demasiado inclinado a la civilización materialista. Es muy significativo que el maestro Fukami nos exponga el mundo del espíritu en medio de esta situación.

En realidad, el mundo en que nosotros vivimos, no es más que una ilusión. Pienso que el maestro Fukami quiere decirnos que este mundo es como una escuela o lugar de entrenamiento para prepararse para ir al Mundo Espiritual, así como para la vida posterior. Yo considero que hay solamente dos cosas que podemos llevar al otro mundo: amor y sabiduría.

Maestro, muchas gracias por la rica comida que me invitó. Cuando visite Arizona, yo le prepararé un banquete. Mi comida nunca le hará engordar, por mucho que coma, porque la mía es de pantomima.

Ritual para venerar a Sampo Kojin

* Coloquen ramas de pino en ambos lados. Si no disponen de pino, pueden utilizar otras plantas de hoja perenne, conocidas como sakaki. Cambie el agua todas las mañanas.
* Pongan tres varas de incienso a la izquierda. Echen arroz crudo en el recipiente de la derecha, y dejen abierta la tapa como se muestra en la ilustración.
* Después de haber pronunciado la oración Amatsu Norito, la cual se presenta más adelante, pidan su deseo con sus propias palabras.
* Si siguen estos procedimientos todas las mañanas, el efecto será mayor.

* La ilustración muestra el altar para Sampo Kojin. Pero con éste pueden venerar las tres deidades Sampo Kojin, Sanmen Daikokuten y Zao Gongen juntos, ya que son manifestaciones de dioses o Budas del Mundo Divino de Japón.

SECRETO PARA ADQUIRIR EL PODER ESPIRITUAL

La llamada de poder para Zao Gongen es:

"Onsaa bendara yaasowaka".

Y para Daikokuten es:

"Onmaka gyaaraa yaasowaka".

❋ Junten las manos con la mente serena, y pronuncien Amatsu Norito, la petición de su deseo, y la llamada de poder. Pueden, por supuesto, celebrar un oficio por el descanso del alma de los difuntos.

❋ Es posible simplemente tener en la mente la imagen de la ilustración mostrada en la página anterior, considerando que el altar es dedicado a las tres deidades de la fortuna monetaria juntos, y repetir la llamada de poder. Tal procedimiento les traerá cierta cantidad de poder espiritual, pero cuando necesiten pedir seriamente el poder, es mejor tener el altar donde está entronizada la imagen divina.

Si no hay un altar cerca de ustedes que inspire su confianza o no pueden adquirir un altar auténtico, sírvanse tener contacto con World Mate al teléfono 0558-76-1060. Se ofrecen a los fieles, a precio moderado, altares que contienen espíritus de dioses.

Amatsu Norito

Oh, dioses y diosas que habitan en el alto llano celestial Takaamahara.

A ustedes dirijo humildemente estas palabras de buen augurio, conforme a sus designios.

Izanagui no Okami, ascendiente de la Línea Imperial, fue la primera deidad que apareció en este mundo.

Al haber emergido del contaminado reino de Yomi (Hades), él se bañó y se purificó a sí mismo en la boca del río, en la llanura de Awagui, cerca de Tachibana-no-Odo, de Himuka, en la isla Tsukushi, y así nacieron los dioses que controlan la purificación.

Nos dirigimos al dios del cielo y de la tierra para pedirles que purifiquen y rectifiquen innumerables equivocaciones, errores e impurezas que existen en este mundo.

De esta manera, acudimos a todos los dioses y diosas con el más profundo respeto, y, al mismo tiempo, con temorosa admiración, pidiendo que nuestra humilde súplica sea escuchada.

⊙ *Tokoto no Kajiri*

Amateresu-omikami (Repetir once veces)

⊙ *Sampo Kojin*

Oh, Sampo Kojin, protégenos de los demonios de frente y de los de atrás, y danos tu bendición. (Dos veces)
Humildemente quisiera darte las gracias por proteger los gastos de la cocina.

⊙ *Zao Gongen*

Oh, Zao Gongen, protégenos y danos tu bendición. (Pronunciar dos veces)
Muchas gracias por proporcionar toda la sabiduría del mundo y por ayudarnos a aumentar las ventas.

◉ **Sanmen Daikokuten**

Oh, Sanmen Daikokuten, protégenos y danos tu bendición. (Pronunciar dos veces)
Muchas gracias por concedernos la buena fortuna que circula de persona a persona.

Sugerencia para disfrutar de la buena fortuna y lograr el éxito

El método "tamafuri"

No es bueno usar técnicas como percepción extrasensorial simplemente por curiosidad, pero cuando el objetivo es aproximarnos a Dios, hacer feliz a la gente, o elevar el nivel espiritual de su propia alma, su uso es ciertamente justificado. Porque si uno hace algo para mejorarse a sí mismo o a otros, eso constituye una virtud, estando conforme al camino de Dios. Quiero dejar bien claro este punto. Ya que cuando uno trata de elevar técnicas espirituales, en parte por diversión, los malos espíritus pueden responder y traer consigo calamidades inesperadas. En ocasiones, uno llega a no poder llevar una vida normal y enloquecer. Así es que tengan mucho cuidado.

Bueno, ahora quisiera presentarles el método "tamafuri" o "simulación del alma", que incrementa el poder psíquico. Para empezar, hay que enriquecer la imaginación, en la mente, porque el poder de la misma se convierte en el poder espiritual. "Tamafuri" se refiere a la "simulación de la imagen", o lanzar el Kushimitama.

Cuando se trata simplemente del entrenamiento del poder de la imaginación, también se observa en las técnicas de Yoga. Pero éstas son insuficientes para responder correctamente al Mundo Divino. En la imaginación deben estar incorporados los sentimientos del verdadero amor, y oración sincera y sumisa. Porque si no, sería nada más que el entrenamiento de las técnicas de magia negra para incrementar el poder centralizado al ego, y, los que no lo hagan de manera correcta, sufrirían en el Mundo Espiritual después de su muerte.

Para mayores detalles, sírvase consultar mi libro *Poder Divino*.

A propósito, para enriquecer la imaginación, deberán esforzarse por tenerlas lo más vivamente posible. Por ejemplo, cuando evoquen la imagen del mar, intenten tenerla tan real, como para sentir inmediatamente el olor del mar en su nariz. Para llegar a este grado, es bueno hacer alguna ilustración o estudiar un poco la pintura.

He escuchado directamente del espíritu de Kukai la verdadera razón por la que él pintaba y esculpía. Resulta que fue para elevar su nivel de poder espiritual y fortalecer el poder de la imaginación. Estas actividades también le ayudaron a hacer perdurar su fuerza de concentración. Su explicación me pareció muy razonable.

Por lo visto, Kukai pensaba que a través de la pintura y escultura podría subir su sensibilidad artística y además transmitir a las generaciones posteriores las mandalas, que son una forma de representación del Mundo Divino y útiles para el entrenamiento espiritual de sus discípulos. Asimismo, las estatuas que él esculpió sirvieron de objetos de adoración. Por eso, sus actividades artísticas fueron el entrenamiento espiritual que "mataba tres pájaros de un tiro".

Tomando como ejemplo el caso de Kukai, yo pinto el monte Fuji en "shikishi", papel especial en el que normalmente se escriben poemas, con el fin de transferir cierta energía espiritual desde el Mundo Divino, de la montaña más sagrada de Japón. Este método místico se refiere a la "pintura generadora de brisa".

Aunque parezca increíble, esta pintura es una forma de arte talismánico avanzado, y realmente el "shikishi" emite una brisa agradable. Desde luego que esta pintura trae suerte al dueño. Conozco varios artistas, modelos y actrices, que son grandes aficionados a este arte, como Tadanori Yokoo, ilustrador; Koyako Yamaguchi, modelo; Asami Kobayashi, actriz; entre otros.

La "pintura generadora de brisa" tiene el efecto de transmitir belleza y atraer la buena suerte. Asimismo, con ella se puede adornar la casa. Este arte es más avanzado y moderno, que el poder suprahumano que se utiliza para encender el fuego en la leña con el poder psíquico. Además, pienso que es más fantástico.

Bueno, me desvié un poco. Volvamos al tema del método "tamafuri". Una vez que se llega a poder tener vívidamente las imágenes en la mente, el siguiente paso es describir claramente un templo sintoísta en el interior del corazón. Por eso hay que visitar algún templo sintoísta (si es posible ir al primer templo establecido en la localidad) y gravar en la mente su imagen. ¿Por qué tiene que ser templo sintoísta? Es porque ahí se encuentran dioses tutelares, quienes realizan todo tipo de parabienes, incluso nos guían responsablemente en todos los aspectos, como buena suerte en el trabajo, casamiento, economía, etcétera. Además, ellos actúan como guías hacia el Mundo Espiritual. Todo esto se debe a que estos dioses tutelares son multitalentosos del Mundo Divino Virtuoso, y son muy importantes en los puntos que afectan nuestra vida cotidiana.

Lo ideal sería visitar sus templos todos los días. Pero, en realidad, es difícil debido al agitado ritmo de la vida diaria o a la falta de buenos templos cercanos. Por eso, pueden tener la imagen del templo en su mente y hacer oración con toda sinceridad, imaginándose que están visitándolo.

SECRETO PARA ADQUIRIR EL PODER ESPIRITUAL

Porque el Mundo Espiritual responde a la imaginación viva y la sinceridad total, por encima de la distancia y el espacio. En ese caso, es importante tener la imagen lo más claramente posible: la puerta llamada torii, el sendero de grava que conduce al sagrado recinto, los árboles en ambos lados del sendero, la forma de la construcción del establecimiento principal, etcétera.

Y estando convencidos de que los dioses se encuentran en ese templo, repiten la oración "norito" de tres a cinco veces, el "tokoto no kajiri", once veces y la siguiente frase, varias veces: "Oh, deidad tutelar de este templo, dame tu bendición". Y a éstas pueden agregar su deseo con sus propias palabras. Si siguen este procedimiento todos los días, deben de llegar a ser espiritualmente sensibles.

Pues, sobra decir que es un tabú hacer mal uso de la percepción extrasensorial, y aprovecharla sólo para la felicidad de sí mismo. Siempre deben poseer el pensamiento conforme al camino de Dios. Es decir, es importante mantener la actitud de: "Deseo lo mejor para mí y para otros. Que todo se convierta en bien y dejo todos los resultados al juicio de Dios". De esta manera, seguramente podrán desarrollar correctamente la percepción extrasensorial.

Cabe señalar que existen templos sintoístas y santuarios budistas donde residen, no solamente los dioses, sino también los malos espíritus. Así es que tengan cuidado. Para distinguirlos, pueden consultar mi libro *Suerte*.

¿Cómo convencer a los jefes y clientes con quienes no congenian?

Para ascender en el mundo, a veces es necesario bajar la cabeza y tratar bien a los jefes y clientes, por más repugnantes que sean. Esto es lo difícil de estar al servicio de otros. Pero, recurriendo al método secreto para ganar la comprensión del Mundo Espiritual, pueden llevarse bien con cualquier persona.

El concepto básico de este método, consiste primero en explicar la situación a las deidades guardianes, los espíritus protectores y el "mitama" (alma) de la persona con la que se vaya a tratar. Si se sigue este procedimiento, no se agitarán ni impacientarán inexplicablemente, y la persona en cuestión se convencerá sin dificultad.

"¿De veras?" Así me preguntarán muchos lectores concibiendo dudas. Yo recomiendo a esas personas que practiquen una vez este método. Por ejemplo, cuando tengan que rebajarse ante una persona que evidentemente está

SECRETO PARA ADQUIRIR EL PODER ESPIRITUAL 199

equivocada, teniendo usted la razón, se puede pensar de la siguiente manera. "A pesar de ser así, debe tener alguna misión concedida por Dios, puesto que nació en este mundo. Y debe tener sus espíritus guardianes. Por eso, aunque no pueda apreciar su persona, puedo estimar, y humillarme humildemente a sus protectores". Concibiéndolo de este modo, no será necesario forzarse tanto en su mente, y los espíritus guardianes de la persona con la que se vaya a tratar, reaccionarán, por lo que aún con la presencia de esa persona, el trato se llevará sin dificultad, y ésta se dará cuenta espontáneamente de su error, porque su alma responde a la cortesía de otro.

Bueno, ahora quisiera explicar el método secreto al que me referí. Este método empieza con repetir diez veces o más la siguiente fórmula con mucho sentimiento y sinceridad: "Oh, deidades guardianes, espíritus protectores y el mitama (alma) del señor (decir el nombre completo)". Mientras estén pronunciándola, deben estar seguros de que los tres tipos de espíritus están presentes en ese lugar. Al creerlo firmemente, el nivel de respuesta desde el Mundo Espiritual se eleva varias veces más.

Luego, teniendo en su mente la imagen de mandala, se deben dirigir palabras lo más detalladamente posible a los espíritus guardianes, las deidades protectoras que están atrás de ellos y al "mitama" que tiene la misma cara que el individuo en cuestión (también es correcto describir en su mente la esfera de luz en lugar del "mitama"). En ese caso, no olviden terminar la oración con toda sinceridad diciendo: "Por favor, conduzcan al bien, tanto al señor X como a mí". También pueden agregar: "Si me equivoco, por favor, indíquenmelo a través de las palabras del señor X, se lo pido".

Los espíritus guardianes actúan para otros igual que para su protegido. Y no es que ellos sólo escuchen la petición de su poseedor. Si uno desea la felicidad de otros teniendo una mirada amplia, los espíritus guardianes de otras personas no escatimarán esfuerzos para prestarle la ayuda. De esta manera, se puede poner de su lado a los propios y a los ajenos. Esto sería un sencillo método secreto para aumentar los espíritus guardianes.

Desde luego, se debe explicar la situación a sus propios espíritus guardianes, antes de pedir un favor a los de otra persona, lo cual sirve para construir un puente en el Mundo Espiritual entre los espíritus guardianes, para luego acometer algo en el Mundo Material. Éste es el método secreto para ganar la comprensión del Mundo Espiritual.

Sobra decir que los espíritus guardianes no son dioses perversos ni espíritus malos, y no actuarán si no se llaman con sinceridad deseando lo mejor para sí mismos y otros. Cuando las cosas se hayan llevado bien, asegúrense de agradecer a estos dioses. Esto es necesario para que ellos respondan con gusto cuando les pidan nuevamente otro favor.

A propósito, hay otro punto que se debe cuidar para realizar este método secreto. Es decir, nunca pidan solamente el resultado de su deseo. Los espíritus guardianes son de

tal naturaleza, que son capaces de ver el pasado, el presente y el futuro. Además, conocen bien el criterio del bien y del mal desde el punto de vista del Mundo Divino. Por eso, al pedir superficialmente, el resultado significa hacer prevalecer egoístamente su propia voluntad y opinión, estimulando el apego a sí mismos, y finalmente se les escapará el verdadero buen resultado que el Mundo Espiritual intenta concederles.

Así es que, aunque se pronostique más o menos el resultado, lo que se debe hacer es rezar de la siguiente manera: "Tengo la certeza de que finalmente obtendré buen resultado. Pero, por favor, dispongan las cosas para el bien de otros también. Yo haré todo lo posible y dejaré todo a su juicio".

Éste es un ejemplo de cómo orar. Lo importante es prometer hacer mejores esfuerzos de su parte y dejar el resultado final a juicio del Mundo Espiritual. De este modo, la actuación de los espíritus guardianes se intensificará aún más y surgirán buenos resultados inesperados. Porque así se disipará el nublamiento espiritual acumulado por el egoísmo, se impulsará la actuación voluntaria del "mitama" y trabajará el conjunto de espíritus guardianes.

Por último, me permito presentarles cómo practicar en el lugar de trabajo el método que he mencionado.

1. Si no hay nadie a su alrededor, recen en el pasillo.
2. Cuando hay personas, entren en el tocador y oren suficientemente, cerrando el cubículo con llave. Si hay alguien en el cubículo de a lado, hagan correr el agua para que no se oiga la voz.
3. Cuando toquen la puerta de la sala de sus superiores o de la oficina de su cliente, piensen que es para saludar a los espíritus guardianes de la persona que está dentro, y cuando bajen la cabeza al otro consideren que es para saludar a sus espíritus guardianes, deidades protectores y el "mitama". De esta manera, podrán ganar más de lo que imaginan el favor de sus jefes.
4. Pronuncien suavemente la llamada de poder "Senten namu furuhobiru" para mejorar las relaciones humanas, justo antes de ver a la persona. Repítanlo 36 veces si es posible.
5. Al ser reprochados por alguien, no muestren ninguna emoción fuerte, pero en su mente hagan la misma llamada de poder "Senten namu furuhobiru". Entonces, se podrá frenar al mínimo el coraje del otro.

Espero que puedan estudiar y aprovechar suficientemente a su propia manera lo que he expuesto. Con sólo comprender su principio básico, podrán sacarle partido en cualquier momento. Este método secreto mostrará el poder sobresaliente en el caso de discordia con su esposo(a), hermanos, amigos o novio(a), así como para arreglar problemas y quejas de su cliente.

Estas técnicas secretas nunca causarán infelicidad a nadie y extenderán el círculo de la felicidad, por lo que exhorto a mis lectores a que las practiquen y dominen.

Pensamiento racional de los suizos sobre el ahorro

Suiza es un país rodeado de montañas. Sus residentes son extremadamente ahorradores de manera racional. En Suiza casi no existe la filosofía de vender mucho con poco margen de beneficio. Todas las industrias son diseñadas de tal manera que no ensucien al país y vendan a un precio diez veces mayor al costo de su fabricación. Además, todos los equipos y artículos están bien cuidados, para una larga vida. Consecuentemente, todos los automóviles que circulan en la calle son flamantes, y se observa que les gustan las cosas limpias, aún más que a los japoneses. Los relojes de Suiza son producto de todas estas situaciones.

Comprendí bien por qué es así al visitar su tierra. Suiza está cubierta de pliegues montañosos. Parece ser que la característica de su tierra tiene algo que ver con las arrugas del cerebro de sus habitantes.

Generalmente, las personas que crecen en tierra fértil, donde se cosechan abundantemente frutas y hortalizas,

poseen ricos sentimientos y gentileza. Por ejemplo, los nativos de las prefecturas de Shizuoka y Miyazaki, son de este tipo. Como muchas de ellas son poco apresuradas y nobles, pocas ascienden destacadamente en el mundo. En cambio, en las prefecturas de Yamanashi, Mie y Shiga, entre otras, surgen personas inteligentes, racionales y vigorosas, como Shinguen Takeda, general del período de las guerras civiles. Asimismo, ésas áreas vieron nacer a los famosos ninjas de Iga y de Koga, y los comerciantes de Omi.

Cuanto más severo es el ambiente natural, tanto más se desarrolla el cerebro de las personas que habitan ese lugar. Claro que hay excepciones, pero casi estoy seguro que la profunda sabiduría de los rusos se debe a lo mismo. La prefectura de Nagano es conocida por su educación de alto nivel. Mucha gente de esa área es buena para las matemáticas. Hay muchos puntos en común en los tipos de industria y el modo de su desarrollo entre la prefectura de Nagano, que cuenta con los Alpes japoneses, y Suiza, que tiene los auténticos.

La topografía es una manifestación del Mundo Espiritual de esa región, y forma el carácter del alma de los que nacen y crecen en esa localidad, sea bueno o sea malo. E, inversamente, hay muchos casos en que una persona nace en un lugar que va conforme a la idiosincracia de su alma.

SECRETO PARA ADQUIRIR EL PODER ESPIRITUAL

Ahora bien, hay mucho que aprender de Suiza con respecto a la buena fortuna monetaria. Me refiero especialmente a la virtud del ahorro.

Desde siempre existen sólo dos maneras para ahorrar el dinero: una es juntarlo y otra es no dejarlo salir. Si uno se esfuerza por la búsqueda de la racionalidad, en lugar de aferrarse a la segunda opción, por codicia, el ahorro se convertirá en virtud. En este sentido, Suiza merece el título del país más ahorrador del mundo.

La sicóloga Satoko Akiyama, me contó una historia sobre un profesor de una universidad suiza que había visitado Japón. Este profesor, para ahorrarse el hospedaje durante su estancia, modificó el lugar del guardarropa de la casa de ella. Además, él era extremadamente cuidadoso en los gastos de la comida: investigó diligentemente uno por uno los restaurantes chinos económicos para estudiantes, y llenó su cuaderno con información comparativa del volumen y precio de las empanadas chinas, gyoza, los ingredientes, así como el valor del fideo ramen, etcétera. Después de todo esto el profesor se hizo cliente fijo de un restaurante donde ofrecían una mayor cantidad, a buen precio y sabor. ¡Qué sorprendente!

Es más, un día, cuando la doctora Akiyama estaba poniendo la tetera en el fuego para tomarse un té, el profesor vino corriendo y le dijo: "¡Qué desperdicio! Si tomas sólo una taza de té, no gastes tanto el agua". Habiendo vaciado el agua con un cucharon, él siguió sosteniéndola con la mano sobre la estufa hasta que se hirviera el agua y le sirvió la cantidad exacta para una taza de té.

Nosotros los japoneses, consideramos que malgastar el tiempo o hacer trabajos inútiles es detestable, pero parece ser que los suizos otorgan preferencia, más que nada, a apreciar y cuidar los objetos.

Aún los japoneses más ahorrativos no podrán rivalizar a este profesor suizo, en este sentido. Pero, según él: "Entre los suizos, yo soy más bien gastador". Es para quedarse sin palabras.

A propósito, la propensión extremada de los suizos hacia el ahorro y la economía, me recueda a Jurojin, una de las siete divinidades de la buena suerte. Porque, como se mencionó antes, su virtud representa la de economización, y su cabeza larga está llena de inteligencia para buscar la racionalidad. Por eso se podría decir que Suiza, donde los precios son estables y residen muchos ricos, es la nación más grande con respecto a los ideales de Jurojin.

Suiza sería un ejemplo a nivel nacional de que la buena fortuna monetaria, viene inesperadamente si uno se extrema tanto en el ahorro. Pienso que los japoneses, que tiramos desinteresadamente como basuras grandes, la televisión o refrigerador utilizable, deberíamos aprender de los suizos sobre la virtud de Jurojin. Especialmente quiero exhortar esto a los que se quejan: "Gano bastante dinero, pero no me queda nada".

Buena fortuna a través del horóscopo

Según el sistema del horóscopo, conocido como kyuseigaku en Japón, todos los fenómenos naturales pueden ser atribuidos a la interacción de los cinco elementos: fuego, madera, tierra, metal y agua, y en ella se pueden observar las nueve tendencias. Este método fue desarrollado por una persona llamada Shinjiro Sonoda, quien se basó en las técnicas chinas tradicionales de adivinación, que se remontan a miles de años. El resultante sistema del horóscopo, al estilo japonés, ganó popularidad desde el período de Taisho, por los años 20. Aunque se ve fácil, al empezar a estudiarlo seriamente, uno se dará cuenta de que su complejidad es tan grande, que está fuera del alcance de un profano.

Ahora, me permito presentarles a mis lectores de una manera muy sencilla las tendencias de la buena fortuna monetaria conforme a los nueve signos del horóscopo. Sólo quisiera aclarar que soy espiritista y no soy profesional de adivinación. Se podría intentar interpretar todo esto en términos de poder espiritual, pero si lo hiciera, terminaría escribiendo otro libro completo. Por eso, en esta ocasión me limito a explicar sólo las cosas elementales. Bueno, se me hizo algo larga la introducción. Vamos al grano.

Lo que hace este sistema del horóscopo, es, básicamente, adivinar la ventura de la persona de acuerdo con el año en que nació y mostrar la tendencia de su destino en un sentido amplio.

Uno-Blanco-Agua-Estrella: Esta estrella en el oeste promete el ingreso secundario y extraoficial. Es decir, el dinero del que se trata aquí se hace, no en la escena central, sino, más bien, en la sombra. Uno-blanco, en términos de aspecto, significa agua. Y en japonés, el término "mizu shobai", que literalmente significa "negocios de agua", se refiere al negocio de servicios nocturnos, como bar, cabaret, entre otros. Ésta es la estrella que controla la buena fortuna de las personas que se dedican a este tipo de negocio.

Dos-Negro-Tierra-Estrella: Esta estrella promete un ingreso estable. Las ganancias por operación aumentarán constantemente. Sería bueno tener una profesión ordinaria que tuviera relación con el público en general.

Tres-Verde-Madera-Estrella: Esta estrella está relacionada con la promoción y publicidad llamativas. "Tres-verde" se refiere a primavera. Ésta es la estrella de descubrimiento, creatividad y crecimiento. Por lo tanto, si ésta es su estrella de la buena fortuna, es recomendable elegir un negocio vistoso donde se utilice la voz y el sonido.

Cuatro-Verde-Madera-Estrella: Es la estrella con énfasis en la confianza, se ganará sucesivamente dinero siendo un buen intermediario de las personas. Es bueno dar importancia al honor y la confiabilidad, evitando toda conducta imprudente.

Cinco-Amarilla-Tierra-Estrella: Es la estrella con énfasis a la perseverancia. Con ella, seguramente llegará el momento en que se pagarán todos los esfuerzos. No es bueno actuar sin reflexionar. La persona regida por esta estrella, es básicamente el "tipo comandante", quien llega a tener éxito al formar de manera maternal a personas y cosas. Sin embargo, estas tendencias pueden ser "Cinco-Amarillo-Matarse", y no es una buena dirección para todas las personas.

Seis-Blanco-Metal-Estrella: La persona guiada por esta estrella, gozará de la riqueza al compartir con la gente. La buena fortuna monetaria está asegurada si tiene una profesión con la que dirige a la gente o está en la posición de ser estimado. Esta estrella se relaciona con el padre, apoyo financiero, o bien, obra pública. Si se maneja el dinero encomendado con prudencia, se tendrá un efecto significativo en la fortuna monetaria.

Siete-Rojo-Metal-Estrella: Su otro nombre sería estrella de la buena fortuna monetaria. La orientación es hacia el oeste. Si se aprende a reír y controlar la tendencia de sentirse ofendido, la riqueza se presentará en abundancia.

Ocho-Blanco-Tierra-Estrella: Esta estrella controla la buena fortuna con respecto a los negocios relacionados con los bienes raíces. Además, si se presta la atención debida a la relación familiar y la humana en general, se obtendrá inesperadamentre la fortuna monetaria.

Nueve-Morado-Fuego-Estrella: Esta estrella controla la buena fortuna con referencia a la belleza. "Nueve-morado" significa "máximo" y "dios", y, consecuentemente, está relacionado con los asuntos religiosos. Asimismo, esta estrella influye también en la buena fortuna con respecto al documento escrito, la educación y el arte.

Bien, he explicado a grandes rasgos las tendencias de la fortuna monetaria con las nueve estrellas en el sistema "kyusei". Como mencioné antes, esta astrología es sumamente profunda y complicada. Además, cuanto más la aprende uno, más se da cuenta de lo temible que es, puesto que según este método, las malas suertes son mucho más frecuentes que las buenas.

Por lo tanto, para manejar bien la adivinación de aspecto, lo importante es "creer positivamente cosas buenas e ignorar lo más posible las malas". Si uno se vuelve preso del mal aspecto, su pensamiento y sus actividades tenderán a caminar en dirección negativa y, consecuentemente, disminuirá su buena fortuna.

Quiromancia que asegura la buena fortuna

"Por más duro que trabajo, no logro una vida decente. Sólo fijo la vista en mis manos". Ha de haber mucha gente que se queje así. Al mirarse las manos, se observan sus líneas. Y dirán: "Ay, como me imaginaba, no tengo líneas de la buena fortuna monetaria. Con razón no me he hecho rico" y se quedarán abatidos, sin fuerzas. Pero si pueden depositar la esperanza al menos en la quiromancia, a fin de obtener una buena fortuna para el futuro, yo les recomiendo que practiquen la "formación de las líneas de la mano que atraen la fortuna monetaria".

Su principio es muy sencillo. Todo lo que se necesita es trazar las líneas con bolígrafo o marcador de aceite, en la mano, como aparecen en la ilustración.

Sin embargo, no basta con marcarlas simplemente. Mientras se raya, se debe pensar firmemente: "Seguramente voy a tener la buena fortuna monetaria. Más bien casi estoy lográndola. Soy un hombre feliz siendo favorecido de esta fortuna". No se debe tener en obsoluto un pensamiento negativo como: "¿Será verdad? Se ensuciará mi mano. Me daría pena si me vieran trazándomelas".

Esencialmente la ciencia de la quiromancia consiste en que las líneas de la mano son la manifestación de la subconciencia profunda. Igual que el método antiguo del oráculo, de leer las fisuras y grietas del caparazón de tortuga, y del hueso de ciervo, las líneas de la mano son leídas para ver el destino.

El método secreto que estoy exponiendo, funciona a la inversa. Es decir, al agregar nuevas líneas a las naturales, en que se refleja la subconciencia, concibiendo firme-

SECRETO PARA ADQUIRIR EL PODER ESPIRITUAL

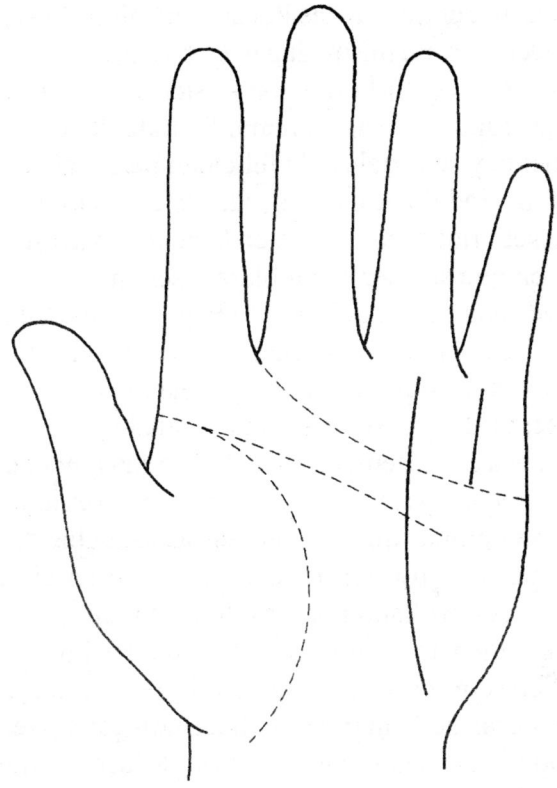

Las dos líneas verticales indicadas arriba atraen la buena fortuna monetaria. Se deben trazar con firmeza.

mente algún deseo para el futuro, se podrá cambiar favorablemente el "arayashiki" (subconsciencia del nivel más profundo) y la parte del Mundo Espiritual, los cuales deciden el destino de uno.

Hasta ahora, muchas personas han probado este método y han tenido buenos resultados. Por eso, aprovecho esta ocasión para recomendárselo a mis lectores. Curiosamente, después de haber trazado las líneas con bolígrafo, aparecen las verdaderas en ese mismo lugar. Con esto, nuevamente, no puedo dejar de sentir la función misteriosa de la subconsciencia profunda del ser humano. Se trata del método con que aumenta y se fortalece la felicidad personal no a costa de la infelicidad de otros. Les exhorto a que lo practiquen con toda seguridad, confiando en la bondad y teniendo una fe firme en que su suerte cambiará y será mejor.

La ley fundamental del Mundo Espiritual es que cuando se intensifica el poder para mejorar la subconciencia profunda, la fortuna del individuo se torna mejor.

La inseguridad conduce a la inactividad y, si no hay confianza, nunca se presentará la buena fortuna monetaria. Por eso, se debe trazar las líneas con firmeza. Esto es importante.

Cabe mencionar que existen varias escuelas de quiromancia, pero en mi explicación me basé en el método "ryunen", desarrollado por Yasuto Nishitani.

Quisiera mencionar una vez más, que las líneas marcadas primero con bolígrafo, se convierten ciertamente en las verdaderas de la mano si se hace con ganas, teniendo la seguridad. Esencialmente, las rayas de la mano muestran la tendencia de la fortuna (o destino), así como el pasado, el presente y el futuro de un individuo. Además, ellas revelan su fondo espiritual. Pero, curiosamente, se pueden cambiar como se quiera con los esfuerzos y la voluntad.

Por eso, no es correcto pensar que las condiciones de la palma de uno sean fijas e inmutables. Nuevas líneas pueden gravarse y las viejas pueden desaparecer.

Traten de incrementar una línea tras otra que prometen la buena suerte, y hacer desaparecer las que pueden ser causa de mala suerte. Así se debería manejar la quiromancia para lograr la felicidad. De hecho, con este método han habido varios casos de éxito mejorando la suerte. El ser humano no debe dejarse influenciar por el destino, sino decidir su destino por sí mismo, haciendo esfuerzos cada momento con base en la ley del Mundo Espiritual, lo cual ya había explicado en *Suerte* y otros libros míos, y lo mismo sucede con el método secreto de quiromancia.

Ahora, ¿en qué mano deben trazarse las líneas, en la derecha o la izquierda? La respuesta es en ambas. Porque la derecha representa el destino y la izquierda, el predestino. Además, la derecha muestra cambios concretos y reales, y la izquierda, principalmente, cambios mentales.

Una vez que han entendido hasta este grado, no vacilen en trazar vigorosamente las líneas de la fortuna monetaria y de riqueza, con confianza y convicciones. Aquellos a los que les interesa conocer más detalles de la quiromancia, sírvanse consultar el libro de Yasuto Nishitani *Introducción a la Quiromancia*, publicado por la editorial Nihon Bungueisha.

Logotipos de la buena fortuna

Logotipos divinos: Los logotipos del Mundo Divino son signos capaces de irradiar el poder del Mundo Espiritual. Pueden considerarse como una especie de mecanismo que recibe dicho poder en la tierra donde vivimos. Todos los logotipos que he presentado en público hasta ahora, son los que Dios me enseñó directamente, cuando mi alma estaba de viaje por la Galaxia Andromeda y otros planetas. He recibido el permiso especial del Mundo Divino para mostrar a ustedes los logotipos cuyo efecto de poder se ha confirmado realmente. Por eso, pueden disponer de ellos con plena seguridad.

Es importante tener fe: Como expliqué en mi libro *Suerte*, la intensidad del poder espiritual de los logotipos divinos varía dependiendo del grado de fe y poder del "sonen" de la persona que los utiliza. Por eso, es bueno fijar la vista en el logotipo por lo menos durante un minuto y lo graben en su memoria, estando convencidos de que: "El poder del Mundo Divino ya está a la vuelta de la esquina" o "Yo tengo la buena fortuna monetaria".

Mantenerlo cerca: Aparte de fijar firmemente la impresión del logotipo en la mente, lo recomendable es colocarlo en un lugar donde se necesite el logotipo divino. Por ejemplo, en la sala de juntas, la sala del presidente, o bien, en algún escritorio, se puede poner el logotipo que promete la prosperidad en los negocios, el logotipo que ordena el pensamiento desordenado, el que hace surgir la inteligencia de descubrir la verdad, el que crea nuevas ideas y productos, etcétera (todos estos logotipos son presentados en *Suerte*). Asimismo, es posible guardar una copia del logotipo, en reducción, en la cartera.

Ahora bien, los productos de oro ejercen gran influencia espiritual que se manifiesta en las dimensiones materiales, y los de plata, en las psíquicas. Nosotros fabricamos los artículos principalmente de oro y de plata porque deseamos que la gente llegue a ser feliz tanto material como moralmente. Cabe aclarar que se han registrado el dibujo y la marca de todos los logotipos, por lo que pueden usarlos personalmente, pero está prohibido comercializarlos para su reventa.

Ser prudente: Los logotipos divinos poseen un gran poder, por lo que si se utilizan con la disposición correcta (para el bien de sí mismo, de otros y el Mundo Divino), se podrá gozar completamente de la buena suerte, pero si se emplearan con el objeto de llegar a ser feliz egoístamente, a costa de la infelicidad de otros, habría castigos de Dios, y además, se experimentaría sufrimiento cuando se fuera al Mundo Espiritual después de la muerte. Desde luego que también es tabú usarlos medio en broma.

Combinar los logotipos con la llamada de poder: La llamada de poder son palabras mágicas que atraen las vibraciones espirituales del Mundo Divino. Si se combinan los logotipos con dicha llamada, se duplicarán la buena suerte y la fortuna monetaria. Esta combinación se puede aprovechar de acuerdo con las circunstancias que rodean a uno.

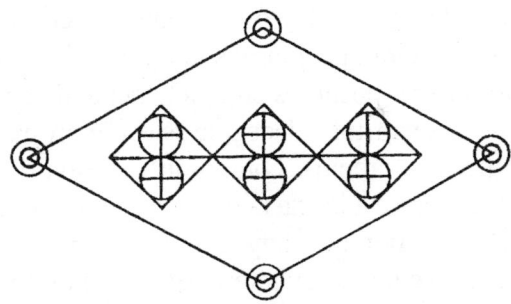

Logotipos de la fortuna monetaria: El logotipo arriba mostrado es precisamente para atraer la buena fortuna monetaria. Para usarlo, hay que cruzar las manos, para colocar los meñiques de ambas manos en los círculos dobles de los dos lados extremos del diagrama. Si pueden estar convencidos de que la buena fortuna monetaria ya está a la vuelta de la esquina, seguramente se les presentará.

Por último, quisiera hacer una aclaración. Los artículos que mencioné antes, son una nueva forma de amuletos, hamaya (flecha de la suerte), ema (tabla con dibujo para pedir deseos y dar agradecimiento a los dioses). Los precios de algunos son un poco elevados. Pero son algo parecidos a las figuras escultóricas del calendario de doce animales o imagen divina, que los templos sintoístas lanzan anualmente en año nuevo, en Japón. El valor de nuestros artículos es desde 3 mil yenes y hasta pueden llegar a costar más de 10 mil yenes. Pero, de ninguna manera, se están vendiendo a la fuerza ni dando publicidad para exigir su compra. En cada uno de los artículos está depositado el deseo, y se manejan de la misma manera que en las oficinas del templo. Los distribuimos sólo a las personas que entienden su significado y desean adquirirlos. Además, tenemos establecido un período de devolución y cuando el comprador no se siente complacido, aceptamos la devolución con gusto. Por eso, nuestro propósito es completamente distinto al tipo de negocios de espíritus falsos que se están propagando en la calle. Nuestros precios, contenido y forma de ser, son totalmente diferentes a los de tales negocios dudosos. Siendo así, no entiendo por qué hay gente que critica nuestras actividades de ventas a los interesados, tomándolas como religiosamente deshonestas. Entonces, ¿qué pasa con los templos sintoístas y budistas de todo el país, así como las iglesias católicas, que tienen establecida una sección de ventas de artículos cristianos en tiendas departamentales? Estamos elaborando buenos artículos, sinceramente, para el bien de todos, siempre con la máxima honradez, y además, estamos pagando como impuestos enteramente la mitad de nuestra utilidad. Estoy convencido de que en este sentido, nosotros estamos sirviendo a la nación y a la sociedad de manera más directa que los templos sintoístas y budistas, así como las iglesias. De modo que quisiera distribuir estos artículos prudentemente, sólo a las personas que los soliciten con espíritu virtuoso y mente dócil, comprendiendo verdaderamente todo esto. Espero muy atentamente la comprensión y el reconocimiento de mis lectores estimados.

Toshu Fukami

Perfil de Toshu Fukami

Toshu Fukami nació en 1951. Su nombre verdadero es Haruhisa Handa y es graduado de la Universidad Doshisha, donde se especializó en economía. Es presidente de la Asociación de Golf de Ciegos de Japón, director general de la Corporación Bishiken, líder de World Mate, administrador permanente de la Sociedad Ko-manji de Japón, director ejecutivo de la Fundación Internacional para el Arte y la Cultura. Además, se dedica a la administración de diversas compañías en Japón, como instituto para la preparación de exámenes, sociedad comercial, corporación suministradora médica, agencia de viajes, etcétera.

Asimismo, él ha extendido sus actividades a Inglaterra, Estados Unidos y Australia, entre otros países. Y ha establecido, manejándolas exitosamente, varias empresas en el extranjero. Él es un práctico consultor de la administración empresarial internacional y ha realizado conferencias junto con líderes mundiales de opinión como Mikhail Gorbachov, Margaret Thatcher, Henrry Kissinger, Alvin Toffler, Ravi Batra, Daniel Bell, Shoichi Watanabe y Frichof Capra.

El señor Fukami ha contribuido en gran medida a la creación de la cultura de bienestar social a través de la difusión mundial de golf de ciegos. En octubre de 1988, se celebró el primer campeonato mundial de golf de ciegos en Perth,

Australia, con la participación de Japón, Australia, Inglaterra, Estados Unidos y Canadá, entre otros.

Asimismo, él ha organizado una serie de conciertos internacionales de beneficencia en Royal Albert Hall, de Londres, y otras salas de renombre, los cuales han unido el arte y el bienestar social a escala internacional. En Inglaterra recibió una carta de gratitud de la reina Isabel y el duque de Westminster.

Actualmente, él se está esforzando por la creación de fondos para los ciegos y otros minusválidos, al realizar intercambios entre los ciegos y los voluntarios del mundo, a través de la organización, administración y patrocinio del campeonato mundial de golf de ciegos que se realiza anualmente en Japón o en alguna otra parte del mundo.

A la vez, con el apoyo del gobierno de Camboya, él se está dedicando a la construcción y la administración de un hospital de emergencia gratuito de 24 horas, en dicho país.

El señor Fukami es altamente apreciado a escala mundial por su poder creativo y propulsor, que va por encima de la división de campos, como el bienestar, el arte y la economía, sus inmensos méritos en la contribución a la sociedad y por su carácter internacional. Estas actividades vigorosas se basan en su fe: en que la civilización y la cultura del siglo XXI deben unificar arte, religión, bienestar social, economía, política, etcétera.

Asimismo, él desarrolla muy amplias actividades en el campo del arte y la cultura, como composición de letra y música, interpretación musical, dirección de orquesta, música vocal, waka (poema japonés), caligrafía, ceremonia del té, pintura, teatro No, baile, entre otros, y además, ha lanzado numerosos CD y videos.

Al mismo tiempo, el señor Fukami es el mejor investigador del Mundo Espiritual de nuestra época, y cuenta con numerosas obras sobre la crítica de la civilización y la del sintoísmo. También es renombrado como pensador y sintoísta. Es autor de más de 30 libros y todos se han vendido durante largo tiempo, entre los cuales se destacan *Secreto del Gran Desarrollo Económico de Japón* y *Suerte*. Especialmente, de éste último se han vendido más de 400 mil ejemplares.

Su afición abarca amplias gamas: pesca marítima, golf, esquí, viajes a aguas termales. Además, él disfruta de la opera, ballet, etcétera.

Índice

Prólogo
Una actitud correcta lo conducirá a cumplir sus sueños 5
Cualquier persona tiene oportunidades 5
    Dios de la pobreza
    Gente que sufre por la fortuna del Mundo de los Demonios
    La verdadera fortuna crece rápidamente
    Suerte que hace fructificar los esfuerzos
    Una mente dócil es la clave para tener suerte

Capítulo 1
Método de ganar y usar el dinero para ser feliz 21
Talento y aptitud requeridos para lograr una firme fortuna monetaria 21
    Habilidad y talento son dos cosas totalmente distintas
    Autosatisfacción en el trabajo y en la vida
    El talento es el fruto de virtudes de la vida anterior
    Tres formas de virtudes
    Nunca es tarde
    El talento es la clave para el éxito
    Diferencia entre Kukai y Saicho
    La hermosura de una flor sobre la fealdad de su raíz
Lucha entre el poder del virtuoso y el de los demonios .. 44
    ¿Por qué sólo los malvados son hábiles para hacer dinero?

CÓMO LOGRAR UNA GRAN FORTUNA Y EL ÉXITO

    Lo mejor es ser virtuoso con un correcto deseo
    El dinero controlado por Satán es atractivo, pero lleno de peligros
    El olor del dinero
    ¿Quién asciende al paraíso después de la muerte?

¿Cómo lograr el éxito? 57
    Existe una razón por la que uno no puede ascender en el mundo
    Mi experiencia de rondar por los bares
    La persona considerada de primera siempre tiene algo peculiar
    Una fe firme y un gran corazón atraen la buena fortuna
    Los calvos, bajos y gordos son frecuentemente ganadores
    Piensen positivamente para cambiar su suerte

Método de ganar y usar el dinero según la edad 69
    Es mejor no tener dinero cuando se es joven
    Propónganse una meta a los 18 años y alcanzarán su punto culminante después de los 30
    Esfuércense más, triplemente
    Prepárense para la vida posterior
    Es bueno viajar por su propio enriquecimiento

    Capítulo 2
Lograr la fortuna monetaria a través del poder divino .. 81
Dioses de la fortuna monetaria 81
    El principio de Shin, Soe y Hikae
    La Diosa del Sol como presidenta de "Japan Inc."
    Dioses tutelares con efecto inmediato
    Tres poderosos aliados
    Tres factores requeridos para resultados reales
    Zao Gongen, deidad de la inteligencia
    Sampo Kojin
    Sanmen Daikokuten
    Daikokuten
    Unifique los cuatro espíritus para la mejor fortuna
    ¿Cómo aprovechar diez veces más el poder de las tres deidades?
    Con la protección divina no hay nada que temer

ÍNDICE

Siete divinidades de la buena suerte 109
Dioses del Japón antiguo fomentan nuestro crecimiento
Bishamonten
Benzaiten
Ebisu
Jurojin
Fukurokuju
Hotei Osho
Secreto para aprovechar las oportunidades
Forma de invocar para recibir múltiple poder divino

Capítulo 3
Así se maneja un dineral **131**
Secreto para ganar dinero alrededor del mundo 131
Características de los pueblos afortunados de gran fortuna monetaria
¿Por qué hemos tenido éxito los japoneses en la economía mundial?
Diferencia física entre los grupos étnicos
Gran defecto en el poder divino del dragón
La vida anterior y la filosofía de los hombres de negocios representativos de Japón 140
Las vibraciones espirituales del presidente de una compañía llegan a todos los rincones de la misma
Un presidente terco pierde oportunidades
Efectos de la vida anterior
Konosuke Matsushita
Compensación de la vida anterior
Kenji Osano
Protección del dragón negro
Toshio Doko
Penalidades entre los 54 y 58 años
Fe en el Sutra Loto
Asistencia de Doko para la educación
Akio Morita
Soichiro Honda

Capítulo 4
Secreto para adquirir el poder espiritual 173
Estrellas de la buena fortuna 173
  Dinero vivo y dinero muerto
  Buenas vibraciones desde las estrellas
    Sol
    Mercurio
    Venus
    Marte
    Júpiter
    Saturno
    Urano
    Neptuno
    Plutón
    Luna
    Estrella polar
El maestro Fukami y yo 186
  "Supe qué debería hacer en la vida"
    Issei Noro (Músico)
  "Es un maestro maravilloso"
    Satoko Akiyama (Psicóloga especializada en Jung)
  "Espiritista muy alegre"
    Asami Kobayashi (Actriz)
  "Toshu y yo somos amigos desde nuestra infancia"
    Roberts Shields (Pantomimo)
Ritual para venerar a Sampo Kojin 190
  Amatsu Norito
Sugerencia para disfrutar de la buena fortuna y lograr el éxito 193
  El método "tamafuri"
  ¿Cómo convencer a los jefes y clientes con quienes no congenian?
Pensamiento racional de los suizos sobre el ahorro .. 203
Buena fortuna a través del horóscopo 207
Quiromancia que asegura la buena fortuna 210
Logotipos de la buena fortuna 213
  Perfil de Toshu Fukami 217

TÍTULOS DE ESTA COLECCIÓN

Aprendizaje Acelerado.
Kasuga - Gutiérrez - Muñoz

El Dinero es mi Amigo. *Phil Laut*

El Poder de la Acción Positiva. *Ivan Burnell*

Las Doce Leyes Universales del Exito.
Herbert Harris

Cómo lograr una Gran Fortuna y el Exito.
Toshu Fukami

Impreso en Offset Libra

Francisco I. Madero 31

San Miguel Iztacalco,

México, D.F.